JN057294

現代社会と人権

― 「共生」を考えるための 15 講 ―

片居木　英人

法律情報出版

はじめに

　本書の題名を、『現代社会と人権―「共生」を考えるための15講―』としました。

　「共生」―ともに生きるということ―、ことばとしていうことは、簡単です。でもしかし、「共生」の真の実現のためには、厳しいかもしれませんが、「共生」以前の、もっと深奥にある（深層にある）、何世代にもわたり、うごめいている「差別されてきた側」の"うめき声"に真摯に向き合い、その意味を問いつづけ、解決へむけた取り組みなしには、けっして、「共生」へのとびらは開かれないのです。

　本書においては、「現に、存在する〈差別―被差別〉状況を人権視点から溶解させていく」―そのような視点と姿勢をもって、「差別と人権」という表現を用いたいと考えます。

　「差別と人権」は、遠い過去から現在、また未来にわたって、人類の、国家の、社会にとっての解けることのない困難な課題として横たわってきました。現に今も、そして将来にわたっても、です。差別撤廃への取り組み、とくに人権視点からのその社会的活動は、自然発生的に形成されてきたのではありません。これまでの人類、国家や社会は、その歴史のなかにおいて長らく、同調圧力をともなって、奇異・特異・異質な者を、差別・偏見の対象とし、強権的に排除し、"闇に葬って"きました。その対象をさげすみ、憎悪をもって迫害もしたのです。"憐れみの対象"とした場合でも、「懲らしめ、罰する」という姿勢で、しかたなく、「余った分だけ、くれてやろう」「生かさず、殺さず」などのような態度をもって、臨んできたのです。

　さげすまれ、見下され、抑圧されつづけてきた人たちが、そのようなやり方や仕組みに抗し、声を上げました。「差別―被差別」の政治的・社会的・経済的な構造や要因が明らかにされていくなかで、まず、当事者たちが立ち上がり、団結して連帯し、「差別からの自由」を掲げました。人間存在としてみな等しいこと、等しく生きていくための最低限の条件や環境を整えていくように、政治や経済、社会に対し、つよく迫っていったのです。国家権力による無視や取り締まり、弾圧も徹底されました。多くのいのちが、その犠牲になりました。しかし、反差別の取り組みや運動が、ねばりづよく進められた結果、「平等への権利」の重要性が確認され、しだいに、共通に認識されるようになったのです。

それは、社会や国境をこえてひろがり、普遍的な人権として、国際人権のひとつとして、承認され確立されるにいたりました。

　平等権は、「差別からの自由」を求めて、国家権力・社会的権力・私的権力に対して、不当性を排除させ、必要な施策を求める人権です。

　つまり、「差別と人権」の歴史的展開は、不当な差別・不当な取り扱いを受けてきた者（たち）が、そうした現実に抵抗・批判するところから、平等権として確立させてくるプロセスであった、といえるでしょう。それはまた「棄民」（＝国家や社会によって人間としての存在が切り捨てられること）、「選別」（＝国家や社会にとって生産性を有するかどうか、貢献できるかどうか）、「スティグマ」（＝普通ではない、社会から排除してもよいとするレッテル貼り）に対する不断の挑戦であり、克服していく運動でもあったのです。国権による「生殺与奪」の対象から、「人間としての権利」（人権）へと、歴史的な歩みは、進められてきました。

　ですから、本書は、「現代社会と人権」というなかに「差別と人権」という視点を通底させ、「共生」を考えるための15講として、具体的なテーマを取り上げることにしました。

　「すべての人は、出自、人種、民族、国籍、性別、性自認、性的指向、年齢、身体的精神的状況、宗教的文化的背景、社会的地位、経済状況などの違いにかかわらず、かけがえのない存在として尊重される。」（日本社会福祉士会「社会福祉士の倫理綱領」2020年6月30日採択：原理1〔人間の尊厳〕…文言の一部改変は筆者による）という意味や内容について、本書を通じて、みなさんと一緒に理解を深めていくことができれば、と考えています。

2021年　新緑を迎えようとしている時季に

片居木　英人

目　次

はじめに

第 1 講

日本国憲法を基軸にして

1 憲法13条 「個人としての尊重、生命権・自由権・幸福追求権の最大の尊重」

　現代社会と人権—「差別と人権」や「共生」をとらえていくとき、日本国憲法を基軸に進めていく必要がある、と考えます。日本国憲法の前文の一節は、「…われらは、全世界の国民が、ひとしく恐怖と欠乏から免かれ、平和のうちに生存する権利を有することを確認する。」と、うたいます。平和的生存権といわれるものですが、近時、「国家の安全保障」の観点からではなく、「人間の安全保障」との関連で理解される必要があると指摘されています。差別は、「恐怖と欠乏」の実際であり、また平和ではなく、暴力そのものであり、生存する権利を脅かす動態です。「差別と人権」という視点から、平和的生存権は、「ひとしく恐怖と欠乏から免かれ、暴力のないなかで生存する権利」として、再構成される必要があるでしょう。

　これを踏まえて、憲法13条をここに登場させたい、と考えます。憲法13条は「個人としての尊重、生命権・自由権・幸福追求権の最大の尊重」を明記しています。

> 「すべて国民は、個人として尊重される。生命、自由及び幸福追求に対する国民の権利については、公共の福祉に反しない限り、立法その他の国政の上で、最大の尊重を必要とする。」

　個人としての尊重—これは国民一人ひとりの個性を尊重する、という意味です。当然、一人ひとりの個性は異なります。10人いれば10通りの、100人いれば100通りの、ということであり、それが集まると、「多様性」ということになります。つまり、憲法13条は、「個性と多様性を尊重する」というもので、換言すると、「自分らしく生きる権利」を認めている、ということになるでしょう。さらに具体的に、個人としての「生命に対する国民の権利」（生命権）、「自由に対する国民の権利」（自由権）、「幸福追求に対する国民の権利」（幸福追求権）の最大の尊重の必要、をうたいます。

　一人ひとりの、個人としての存在のなかに、生命・自由・幸福追求の価値をしっかりと組み込んでいます。こうした価値からは、差別—〔恐怖・欠乏・暴力〕というものは、容認されません。差別—恐怖・欠乏・暴力—によって、個

性や多様性が押しつぶされないようにするためにも、憲法13条を出発点にすることが、必要不可欠なのです。

2　憲法14条「差別の禁止＝平等権」

「差別と人権」にとって、憲法14条1項の「法の下の平等」は、まさにその核心です。

> 「すべて国民は、法の下に平等であつて、人種、信条、性別、社会的身分又は門地により、政治的、経済的又は社会的関係において、差別されない。」

簡単に、文言の意味を解説しておきましょう。人種には、民族的出身がふくまれます。信条とは、思想や何を正しいとするかという考え方のことです。性別には男性・女性の別だけではなく、多様なセクシュアリティの別、もふくまれます。社会的身分とは社会的地位や役職、門地とは家がらのことです。ここに示されている「差別が禁止される事由」は、例示的列挙です（たとえば、なになに、なになに…というような例を挙げること）。ですから、これら以外の理由づけによって、少数の立場の人（たち）が不利益を被ったり、差別的な取り扱いを受けたりしたような場合にも、当然のことながら、差別是正が求められることになります。

そして今日、あらためて注目すべきは、「すべて国民は、…社会的関係において、差別されない」という部分です。近代においては、国家と個人の関係で──支配する側と、される側との権力関係で──、「差別と人権」が問題とされました。国家権力の作用が及ぶ空間は「公的領域」、"わたし─あなた"という私人間（しじんかん）の私的自治に任せられる空間は「私的領域」として、2つの生活領域は、はっきりと分けられていました。

そして、公的領域で生じる差別問題のみに焦点が当てられてきたのです。私的領域での差別問題は、「私的自治の原則」にのっとって、範囲外だったのです。「法は家庭に入らず」との、法をめぐることわざは、その最たる例といえるでしょう。あるいは「警察の民事不介入の原則」などもあります。現代においては、

差別による人権侵害は、「私的領域」という社会的関係のなかで生起する場合が圧倒的です。虐待（子ども虐待、高齢期にある人への虐待、障がいのある人への虐待）、いじめ、ドメスティック・バイオレンス（親密圏における暴力）、セクシュアル・ハラスメント、パワー・ハラスメント、マタニティ・ハラスメントなど、多岐にわたります。"わたし―あなた"という私人間（しじんかん）の関係性のなかで起こる虐待や暴力は、端的に、「社会的関係における差別」です。

「人権規定の私人間適用」という憲法上の問題ともかかわりますが、憲法の人権規定が直接に出張らないまでも、憲法の体系下にある、下位の立法（法律）が、「社会的関係における差別」としての私的領域での人権侵害に対して介入するという―場合によっては、刑罰規定をもって臨むという―法的仕組みが、つくりだされてきました。

不利益を被っている、差別的な取り扱いを受けている状況にある人（たち）が、「差別からの自由」を要求し、その是正を求めていくときの人権が「平等への権利＝平等権」なのです。「差別からの自由」確保を貫徹させ、差別是正にむかわせていくという憲法14条1項を根拠とする平等権は、「当事者主権」という意味も加わって、その特有の差別問題の解決をめざすという、きわめて高い実践性を有するものです。

3 憲法25条「生存権とその保障における国家責任の明確化」

日本国憲法97条は、基本的人権の本質として、次のように規定します。

> 「この憲法が日本国民に保障する基本的人権は、人類の多年にわたる自由獲得の努力の成果であつて、これらの権利は、過去幾多の試練に堪へ、現在及び将来の国民に対し、侵すことのできない永久の権利として信託されたものである。」

この「基本的人権の本質」の理解のうえに、憲法25条を重ねていく視点が重要です。

> 憲法25条
> 　1項「すべて国民は、健康で文化的な最低限度の生活を営む権利を有する。」
> 　2項「国は、すべての生活部面について、社会福祉、社会保障及び公衆衛生の向上及び増進に努めなければならない。」

　健康で文化的な最低限度の生活を営んでいくことは、国民一人ひとりにとっての「権利」です。この権利を、「生存権」（あるいは最低限度生活権）といいます。1項の生存権を受け止めるかたちで、2項は存在します。憲法25条1項・2項は分離させることなく、一体のものとして理解する必要があります。そうでないと、25条の全体としてのメッセージ、すなわち、「生存権とその保障における国家責任の明確化」が浮かび上がってこないからです。

　生存権は、わかりやすく言い換えると、「人間らしい生活を送る権利」となるでしょう。「人間らしい生活」には、当然のことながら、"差別的な取り扱いを受けない"という「平等権としても保障される」という意味や内容がふくまれます。ですから、「生存権とその保障における国家責任の明確化」というとき、それはまた同時に、平等権の実質的な保障についても、国が、その政策実施の義務を負っている、ということもできるでしょう。平等権保障としての政策が、また、生存権保障としての政策実施の具体的な内容にもなっている、ということなのです。

4　平和主義の重要性 — 基本的人権としての平和的生存権

　「差別と人権」にとって、前提としても、基底としても、「平和主義」をはずすことは、断じて、できません。「平等」と「平和」は、絶対に切り離すことのできない、密接不可分の人権価値だからです。

　戦争のとき、障がいのある人、高齢期にある人、女性、子どもが"足手まとい"として、真っ先に、見捨てられました。異民族や「非戦」思想者たちは"危険人物"として徹底的に弾圧されて、"闇から、闇へ"抹殺されていきました。社会的に少数に属する人たちの権利や自由も奪われ、人間の尊厳や、個人としての存在の意味が否定されてしまったのです。

「差別からの自由」というとき、「戦争をしない国家・社会」「平和な国家・社会」が、しっかりとその基礎になければ、平等権は、"露と消えて"しまいます。軍事最優先、治安警察、相互監視などによって、人権の土台は根こそぎ削り取られていくことになります。「差別」が全体を大きく覆っていきます。「国家や政府による強制的な政治のなかで、戦争が引き起こされてはならないこと」「だれひとりとして、戦争遂行のために、動員されてはならないこと」「徴兵されてはならないこと」「戦争をする国家のため、生命を捨てさせられるようなことがあっては、ならないこと」――こうした、一つひとつの希求は、けっして、国家権力によって左右されるような性質のものではありません。戦争が呼び起こす"専制と隷従""圧迫と偏狭""恐怖と欠乏"から免れ、それらにおびえることなく、安心して暮らしていくことは、だれにとっても、奪うことのできない、一人ひとりの基本的人権なのです。これが「平和生存権」です。

　憲法の前文は、「…政府の行為によつて再び戦争の惨禍が起こることのないやうにすることを決意し…」と記し、また、「…われらは、全世界の国民が、ひとしく恐怖と欠乏から免かれ、平和のうちに生存する権利を有することを確認する…」と述べます。大日本帝国の侵略戦争を反省する意味を込めて掲げられた、この部分を、重く受けて止め、再び、「戦争をする国家」（戦争のできる国家）にさせないよう、国家権力を厳しく監視し、"軍事的誘惑"や"軍事的膨張"をしっかりとしばっていく、その視点と取り組みが、きわめて重要です。

　憲法前文の「非戦＝平和思想」、9条の「戦争の放棄」、13条の「生命権・自由権・幸福追求権」、14条の「平等権」、25条の「生存権」を一環にして（大きくひとつにつなげて）、「平和的生存権」として定着させ、つよめていきたいと考えます。"軍事的なるもの"の究極的価値は、「生命を奪うこと」です。武器や兵器、戦闘機や戦艦などの"軍事的なるもの"は、国家権力が趣味として集めるための"コレクション"ではありませんし、対外的にみせびらかすための"アクセサリー"でもないのです。有事になれば、全体として機動し、「敵国」とみなした民衆の生命を確実にねらっていくものです。

　戦後、七十数年を経過した現代社会だからこそ、戦争の悲惨な歴史を風化させてはなりません。差別と暴力を生み出す、いっさいの"戦争的-軍事的要素"を国家・社会から除去させていく、その決意と不断の市民的実践がつよく求められている、といえるでしょう。

▶ ▶ ▶ **参考文献**（刊行年順）

・日本評論社編『新装復刻版　みんなの憲法』日本評論社、2018
・片居木英人・福岡賢昌・長野典右・安達宏之『改訂新版　日本国憲法へのとびら─いま、主権者に求められること─』法律情報出版、2019

第2講

男女共同参画推進と人権 ①

—— ジェンダーを問う

1 ジェンダーとは、なにか

「男とは」～こういうもの・「男は」～こうあるべき、「女とは」～こういうもの・「女は」～こうあるべき、というように、「男」とは～こうだ・「女」とは～こうだと決めつけられ、その基準から外れると、"例外"とされたり、違和感をもたれてしまうことがあります（いわゆる「男女特性論」です）。「男としての役割」や「女としての役割」が、その社会や文化から要求されるような状況があります。「個性」（その人らしさ）や「多様性」（異なる個性の共生）は、いったい、どこへいってしまうのでしょうか。

社会的・文化的につくりだされ固定化される性別役割のことを「ジェンダー」といいます。その社会や文化から固定化された役割が求められ、同調圧力として、場合によっては強制力として、「男らしく」「女らしく」の枠づけが押しつけられることがあります。

思いつくままに、いくつか、挙げてみましょう。

「男」は、元気で活発、大雑把、力がつよい、涙を見せない、リーダーシップがある、お酒がつよい、機械・工作につよい、一家の大黒柱として家族を養う、等々です。

「女」は、細かいことに気がつく、おっとりしている、涙もろい、感傷的、料理が好き、甘いものが好き、子どもが好き、男を立てる、等々です。

こうした思考や行動が、「男女特性」としてまとめられ、期待される（あるべき）性別役割として"しばるもの"が、ジェンダーです。

2 「漢字」から、ジェンダーを問う

まず、「漢字」から、ジェンダーの本質を、読み解いてみることにしましょう。「家内、奥さん、女房、嫁、内助の功」ということばがあります。女性にむけて、あるいは、「女としての役割」を期待する意味や内容を表すものとして、使われます。家の内（奥）にいて、夫人として、母として、嫁として、家事・育児・介護をこまごまとこなす「女役割」です。女房は、「女」と「房」（台所）から

成ります。ここから、「料理をするのは、女の役目・役割」と固定化されていきます。婦人は、どうでしょう。婦も、「女」と「箒」（ほうき）の組み合わせです。「掃除をするのは女の役目・役割」ということで、「婦人」となってしまうのです。女房も婦人も、男性にむけて、あるいは男性を意味するものとしては、一般的には、使われません。

　逆に、「亭主、主人、旦那（だんな）」ということばは、どうでしょう。男性にむけて、あるいは、「男としての役割」を期待する意味や内容を表すもの、として使われます。亭主（建物所有の主）、「主」（ぬし）としての「人」—「主人」の反対語は、なんと、「家来」です。配偶者もふくめて、はたして、その家族は、主人にとっての「家来」なのでしょうか…。旦那（だんな）ということばも、諸説ありますが、「愛人を囲い、施しを与える人」との意味もあり、女性に対しては一般的には用いられません。

3　日常生活の場面から、ジェンダーを問う

　いわゆる、「女」言葉（〜だわ。〜よ。）、「男」言葉（〜だろう。〜だぜ。）というものがあります。

　とくに、男性と女性のあいだで、「おまえ」（男性から女性に）—「あなた」（女性から男性に）、「おれ」—「おまえ」といったことばづかいは、あたりまえのように用いられることが多いです。しかし、このときの目線の位置は、どうなっているでしょう。「上から目線」はどちらから、という点では、もしかすると、上位的な位置にあるのは、「男性」の方なのかもしれません。相手をリードするのも「男性」で、また、その役割が期待されることもあるのです。

　突然の、いきなりの「あごクイ」や「壁ドン」という行為も、もしかすると、その背景には、“男性からの”「上から目線」（相手を従わせようとする意思）が存在している（隠されている）のかもしれません。

　教師には「女教師」、医師には「女医」、弁護士には「女弁護士」というように、「女性」を区別することばがつくられ、用いられてきました。現在では、そのような区別的表現の多くは解消されてきています。なぜ、区別的表現だったのでしょう。それは、男性としての職業領域に女性が「参入」してくること

11

を、特異とする、「新参者（しんざんもの）として見下す」という考え方が強固にあったからです。男性としての職業領域—基準は、男性側にあったのです。

「男女別の、男が先の呼び方・並び方」というのもありました。現在は、変更されて、「男女混合のアイウエオ順の名簿・並び方」が一般的です。呼び方も、「男性」（～君）・「女性」（～さん）から、「～さん」への統一化が進められてきています。

教材のなかに「描かれ、固定化された性別役割」も変更されてきています。家事・育児・介護といった場面の、挿し絵や差し込み写真も、女性（妻・母親・嫁）がおもに担うといったような表現から、男性が主体の、しかも多様な人が担うという内容へ、です。仕事・機械工作・世帯主といった場面も、かつては、「男性」が第一に登場してきましたが、これらも、今は、女性もふくめ、多様な描かれ方になっています。

ヒストリー（history：歴史）は、his "彼の"、story "物語" です。登場する人物や主役は「男性」で、その視点から叙述されたもの、これが「歴史」、とでもいうことなのでしょうか。

チェアマン（chairman：司会者・議長・組織や団体等の長）—おもにその役に就いて仕切るのは「男性」（man）ということでしたが、これも現在は、チェアパーソン（chairperson）へと、変更されています。

ジェンダーは、「男役割」「女役割」から自由でありたいと願う「その人らしさ」を認めないで、女性と男性との関係性において、「男性優位の不平等性」をつくりだし、固定化させていくものです。最大限にして可能な限り、ジェンダーから中立な役割や意味に変えていく必要があるでしょう。

ジェンダー平等の実現は、「差別と人権」にとっても重要な国際人権課題となっています。

4　ジェンダー・リテラシーとは

リテラシー（Literacy）とは、「適切に理解し、解釈し、活用する能力」です。そうすると、ジェンダー・リテラシー（Gender Literacy）とは、ジェンダー識字力、あるいは、ジェンダー識字能力、ということになります。「社会的・

文化的につくりだされ、固定化される性別役割の意味を読み解き、社会構造（意識、文化、法制度、政治・社会経済の仕組みなどの総体）の問題性を問い、性別役割にしばられることなく、政治的・経済的・社会的関係において、個性と多様性をもった人間として、また、個人として尊重されるように、——そのような思考を養い、行動につなげていけるような能力を獲得し、活用していくこと」と、とらえることもできるでしょう。

5　エンパワメントとしての、リーガル・リテラシー

　エンパワメントとは、本来、「力をつける」という意味です。ジェンダーとの関係では、「社会的・文化的につくり出され固定化される性別役割について読み解く力をもち、自らにおいて、また相互の関係において、変更をともなって、ジェンダー平等をめざすことができること、性別役割から〈自立していく力〉を得ること」と、表現することができます。

　いまだに、多くの女性が、性別役割にしばられるという厳しい現実があるにもかかわらず、それを読み解く力（変更につなげる力）を獲得できるような十分な機会や教育、生活環境にめぐまれずに、"現状のまま"に、とどめ置かれてしまうという問題構造があります。差別や不平等の構造について洞察し、問題性を明らかにし、平等達成へむけて、制度・政策に変更を迫っていけるよう、法的識字力を高めていくこと、すなわち、リーガル・リテラシー（Legal Literacy）の獲得が人権視点からも欠かせません。

　国際的には、おもに、女性差別撤廃条約や「女性に対する暴力撤廃宣言」が、国内法としては、おもに、男女共同参画社会基本法や男女雇用機会均等法などが多数、存在しています。こうした国際条約や国際宣言、また日本国憲法体系にある諸法律に関心をもち、その基本的内容を理解し、活用する能力を高めていく「学び」が重要なのです。

　第4回世界女性会議（1995年）の、戦略目標としての行動綱領の「女性と人権」という項目のなかに、「法的識字の達成」が掲げられました。翌年に策定された「男女共同参画2000年プラン」（1996年）においても、11の重点目標のひとつに、「2　男女共同参画の視点に立った社会制度・慣行の見直し、意識

の改革」が取り上げられ、そのなかに、「法識字の強化」が盛り込まれました。

▶▶▶ **参考文献** （刊行年順）
・水島新太郎『マンガでわかる男性学　ジェンダーレス時代を生きるために』行路社、2016
・佐藤文香監修/一橋大学社会学部佐藤文香ゼミ生一同著『ジェンダーについて大学生が真剣に考えてみた―あなたがあなたらしくいられるための29問』明石書店、2019

第3講

男女共同参画推進と人権 ②

—— 人権としての「平等・発展・平和」

「国際女性年」（1975年）と、それに連続する「国連女性の10年」（1976～1985年）のスローガンは、「平等・発展・平和」でした。「平等なくして発展・平和なし」「発展なくして平等・平和なし」「平和なくして平等・発展なし」というように、三者は密接不可分―「三位一体」―のものです。「平等・発展・平和」は男女共同参画推進にとって中核となる、普遍的な人権価値を表現しています。

「平等・発展・平和」は、また、それぞれの人権論としても展開することが可能です。

「平等への権利」は、憲法14条1項が基本となります。「…差別されない。」とは、いかなる種類の差別もなしに、が大原則です。「平等権」の詳細は、第1講で、述べたとおりです。

「発展への権利」に関しては、「発展の権利に関する宣言」（国連総会採択1986年）が存在しています。同宣言前文の一節は、「…発展とは、人民全体及びすべての個人が、発展とそれがもたらす諸利益の公正な分配に、積極的かつ自由に、また有意義に参加することを基礎として、彼らの福祉の絶えざる増進を目指す包括的な経済的、社会的、文化的及び政治的過程である…」と、述べます。発展にとって、「公正な分配の福利を享受するため、経済的・社会的・文化的及び政治的過程に積極的・自由に参加する過程」が、必要不可欠ということです。過程への参加に不当な制限が加えられたり、過程への参加そのものから不当に排除されるような差別は、発展を阻害する要因となるものです。

「平和への権利」については、2016年11月に国連総会で採択された、国連「平和への権利宣言」*¹が、きわめて重要です。その前文は、「平和とは、紛争のない状態だけでなく、相互理解及び相互協力の精神で対話が奨励され、紛争が解決され、並びに、社会経済的発展が確保される積極的で動的な参加型プロセスを追求すること」とうたい、また、「平和を推進する手段として、全人類、世界の人民及び国の間の寛容、対話、協力及び連帯を実践することが非常に重要

---

*1　国連「平和への権利宣言」については、平和への権利国際キャンペーンホームページ（宣言文翻訳は本庄未佳）より引用。2020年12月30日アクセス。

であると認識する」と、平和の確保へ向けた具体的な実践方法の重要性についても述べています。そして、「すべての人は、すべての人権が促進及び保障され、並びに、発展が十分に実現されるような平和を享受する権利を有する。」(同1条)、「国家は、平等及び無差別、正義及び法の支配を尊重、実施及び促進し、社会内及び社会間の平和を構築する手段として、恐怖と欠乏からの自由を保障すべきである。」(同2条)と、規定します。「国家の安全保障」としてよりは、「人間の安全保障」に軸足を置いて、「平和」をとらえているところが、注目すべき点です。

国連「平和への権利宣言」は、日本国憲法前文や9条(戦争の放棄)と、その理念や表現と合致している点が多い、といえます。だからこそ、「日本国憲法を基軸として」(第1講)、という意欲と姿勢が欠かせないのです。

2　女性差別撤廃条約の意義

女性差別撤廃条約の正式名称は、「女性に対するあらゆる形態の差別の撤廃に関する条約」です。1979年の第34回国連総会で採択され、1981年に発効しました。1985年、日本国はこれを締結しました。省略名称ではわからない、"あらゆる形態の差別"の撤廃、という文言や本質が大事です。

女性差別撤廃条約は、「男女の完全な平等の達成に貢献すること」を目的として、女性に対するあらゆる差別を撤廃すること、を基本理念としています。女性に対する差別について、同1条は、「性に基づく区別、排除又は制限であつて、政治的、経済的、社会的、文化的、市民的その他のいかなる分野においても、女性(婚姻をしているかいないかを問わない。)が男女の平等を基礎として人権及び基本的自由を認識し、享有し又は行使することを害し又は無効にする効果又は目的を有するものをいう。」と、定義します。

また、第2講において取り上げた、「ジェンダー」については、「社会及び家庭における男性の伝統的役割を女性の役割とともに変更することが男女の完全な平等の達成に必要であることを認識」する、と指摘します。

この条約は、全体を通して、締約国に対し、政治的及び公的活動並びに経済的及び社会的活動における差別の撤廃のために適当な措置をとること、を求め

ています。

　女性差別撤廃条約も、初めは、宣言からの出発でした。「女性に対するあらゆる形態の差別の撤廃に関する宣言」(1967年11月国連総会採択)です。しかし、宣言では、国際的に法的な拘束力はありません。そこで、条約へと発展させる運動や取り組みが、起こってきたのです。その大きな契機となったのが、「国際女性年」(1975年)と、つづく「国連女性の10年」でした。そのスローガン「平等・発展・平和」の意義については、前述したところです。

| 3 | 男女雇用機会均等法の成立 |

　女性差別撤廃条約は、「国連女性の10年」の中間にあたる時期に採択され、発効しました。日本国は1985年の締結です。女性差別撤廃条約の国内法的な環境を整えるために、「雇用の分野における男女の均等な機会及び待遇の確保等に関する法律」(通称：男女雇用機会均等法)が成立しました。1985年制定、1986年の施行です。企業の事業主の、募集・採用、配置・昇進・福利厚生、定年・退職・解雇に当たっての「性別を理由にした差別」を禁止しています。またこの立法が契機となって、看護婦は「看護師」へ、スチュワーデスは「客室乗務員」へというように、呼び方が変更されました。

| 4 | ILO156号条約の批准 |

　ILO156号条約とは、「家族的責任を有する男女労働者の機会及び待遇の均等に関する条約」のことです。差別を受けることなく、職業生活と家庭生活とを同時に営んでいくことができるように、との目的で制定されました。1981年、国際労働機関(ILO)総会で採択され、日本国は1995年に批准しました。加盟国には、働く女性や男性が子育てや介護をしながら仕事をつづけていけるよう、それを支える条件や環境を整えていく責務があります。

　ILO156号条約の批准につながる国内法的な動きとして、1995年、「育児休業、

介護休業等育児又は家族介護を行う労働者の福祉に関する法律」(略称：育児・介護休業法) が制定されました。施行は1999年4月です。「育児や介護は身内で解決すべき事がら」とする考え方や仕組みを法的に変更させ、子育てや介護は社会全体で支援していく必要のある課題であること、を明らかにしました。

　2007年、内閣府が定めた「仕事と生活の調和 (ワーク・ライフ・バランス) 憲章」によると、仕事と生活の調和が実現した社会とは、「国民一人ひとりがやりがいや充実感を感じながら働き、仕事上の責任を果たすとともに、家庭や地域生活などにおいても、子育て期、中高年期といった人生の各段階に応じて多様な生き方が選択・実現できる社会」である、としています。

5　第4回世界女性会議

　第4回世界女性会議は、1995年、北京において開催されました。「国連女性の10年」から、ちょうど10年目の会議となりました。ちなみに、第3回世界女性会議は1985年7月、ケニアの首都ナイロビで開催され、ナイロビ会議といわれます。「国連女性の10年」を総括する、という意味もありました。この会議では、「西暦2000年に向けてのナイロビ将来戦略」が採択され、ナイロビ将来戦略は、2000年という目標達成年と、それまでの具体的な対策を明確にするための、女性の地位向上のための国際的指針となりました。

　第4回世界女性会議には、「ナイロビ将来戦略」の見直しや評価、という面もあり、「女性の権利は人権である」ことが、ふたたび、つよく認識される国際会議となりました。この会議は、「平等・発展・平和のための行動」をテーマとし、「女性が前進する弾みを、社会に作り出す」というねらいをもっていました。そして、「意思決定への効果的な参画」、貧困、健康、教育、暴力、「女性と平和」などが取り上げられ、女性の地位向上を根本的に阻害するような、主要な問題について議論が重ねられました。「女性のエンパワメント」がキーワードとされ、取り組むべき方向性が打ち出され、「ジェンダー視点があらゆる政策や計画に反映されるようにすること」が、あらためて確認されました。「北京宣言」や「行動綱領」が、この会議において採択され、21世紀への指針とされました。行動綱領1項は、「…女性と男性の平等は、人権の問題であり、社

会正義への条件であり、また平等、発展及び平和への必要かつ基本的な前提条件である。女性と男性の平等に基づく変容したパートナーシップが、人間中心の持続可能な発展の条件である。…」と、うたいます。

6 「男女共同参画推進の根拠法」としての男女共同参画社会基本法

　男女共同参画社会基本法（1999年6月23日公布、同日施行）が、男女共同参画推進にとっての、直接的な根拠法です。

　男女共同参画社会の形成について、同法2条1号は、「男女が、社会の対等な構成員として、自らの意思によって社会のあらゆる分野における活動に参画する機会が確保され、もって男女が均等に政治的、経済的、社会的及び文化的利益を享受することができ、かつ、共に責任を担うべき社会を形成することをいう。」と、規定します。

　男女の人権の尊重について、同法3条は、「男女共同参画社会の形成は、男女の個人としての尊厳が重んぜられること、男女が性別による差別的取扱いを受けないこと、男女が個人として能力を発揮する機会が確保されることその他の男女の人権が尊重されることを旨として、行われなければならない。」とします。

　ジェンダーに関しては、「社会における制度又は慣行についての配慮」として、同法4条は、「男女共同参画社会の形成に当たっては、社会における制度又は慣行が、性別による固定的な役割分担等を反映して、男女の社会における活動の選択に対して中立でない影響を及ぼすことにより、男女共同参画社会の形成を阻害する要因となるおそれがあることにかんがみ、社会における制度又は慣行が男女の社会における活動の選択に対して及ぼす影響をできる限り中立なものとするように配慮されなければならない。」と規定し、「性別中立性」の確保の必要を明らかにしています。

　国の責務として、同法8条は、「国は、第3条から前条までに定める男女共同参画社会の形成についての基本理念（以下「基本理念」という。）にのっとり、男女共同参画社会の形成の促進に関する施策（積極的改善措置を含む。以下同じ。）を総合的に策定し、及び実施する責務を有する。」とし、地方公共団体の

20

責務として、「地方公共団体は、基本理念にのっとり、男女共同参画社会の形成の促進に関し、国の施策に準じた施策及びその他のその地方公共団体の区域の特性に応じた施策を策定し、及び実施する責務を有する。」（同法9条）と、述べます。

　国民の責務については、「国民は、職域、学校、地域、家庭その他の社会のあらゆる分野において、基本理念にのっとり、男女共同参画社会の形成に寄与するように努めなければならない。」（同法10条）と、規定します。

　私たちも、こうした法の示す理念や考え方を、しっかりと受け止めて、教育、労働、家事、育児、介護、地域へのかかわり、性的事がらという生活の部面において、「今までの自分を変える」努力を積み重ねていく必要があります。

▶▶▶ **参考文献**（刊行年順）
・辻村みよ子『概説　ジェンダーと法　人権論の視点から学ぶ』信山社、2013
・山下泰子・矢澤澄子監修/国際女性の地位協会編『男女平等はどこまで進んだか　女性差別撤廃条約から考える』岩波ジュニア新書、岩波書店、2018

第4講

セクシュアリティと人権 ①

—— 多様なセクシュアリティのかたち

1 セクシュアリティ（sexuality）とは、なにか

　「性」（セクシュアリティ）とは、第一に、「その人の〈心が生きる〉〈心が生きている〉」ということです。その個人の性的事がらに関する固有の—特有の—人格、すなわち「性的人格」といえるでしょう。

　セクシュアリティには、3つの側面があります。

　1つ目は、「生物学的性別」です。生物学的にオスか・メスか、という身体的性別です。

　2つ目は、「性自認」です。これは、自分の生物学的性別を、心がどのように認識するか—肯定的か・否定的か、あるいは、どちらにでもか—ということです。心の「性」と、身体の「性」が一致しないという感得があるときは、その度合いにもよりますが、トランス・ジェンダーといいます。

　3つ目は、「性的指向」（セクシュアル・オリエンテーション）です。自分はだれに、〈何に〉対して、性的魅力を感じるのか、そのむかう方向や内容です。

　つまり、セクシュアリティ（性的人格）は、大きくは、この3つの側面から構成されるものであり、けっして固定的な静態ではなく、環境や条件によって"揺れ動く"、ダイナミックな性質をもっています。

2 インターセックス —オスかメスかに、二分化できない「性」

　セックス（sex）の、本来の意味は、「生物学的な性別」ということです。性染色体レベルでの「オス」か「メス」か、というちがいです。しかし、現実として、オスかメスかに、二分化することが難しい、複雑なかたちの「性」を有する人たちが存在します。インターセックス（inter sex：半陰陽）といわれます。

　半陰陽には、「精巣あり・女性的な外性器」（男性仮性半陰陽）、「卵巣あり・男性的な外性器」（女性仮性半陰陽）、「精巣あり・卵巣あり」（真性半陰陽）という生態があります。

　半陰陽としての「性」は、自分は生物学的性別として、はたして、女性なのか・男性なのか、そのアイデンティティ確立の困難を抱えており、社会適応へ

の難しさにも直面しています。さらに、インターセックスの事実が知られたとき、差別や偏見、迫害の対象とされることに、おびえています。もちろん、健康上の必要がある場合には、「本人の同意を得て」、医学的処置を行うという原則が貫徹されなければならないことは、いうまでもありません。強制的な医的侵襲行為は、犯罪です。

3　多様なセクシュアリティ（性的人格）のかたち

①　異性愛（heterosexual：ヘテロセクシュアル）

　圧倒的多数は、「男・女」の組み合わせです。同調圧力として、「ヘテロセクシュアルこそが標準（健常）」とする現実がありますが、多様なセクシュアリティ（性的人格）の位相ということでは、異性愛もヘテロセクシュアルとして "ひとつのかたち" にしかすぎません。

②　同性愛

　同性同士の婚姻をふくんだ、パートナー関係というかたちです。男性同士をゲイ（gay）、女性同士をレズビアン（lesbian）といいます。「同性愛は、特異で異様な性行動が中心の、不特定の結びつき」とする誤ったイメージが形成・流布され、いちじるしい差別や偏見のなかに放り込まれました。ホモフォビア（同性愛嫌悪）による不当な襲撃も行われ、生命を落とす人々が多数いました（…そして、今もなお）。「ホモ」や「オカマ」、「レズ」といった表現は、現在では、その人の性的人格を否定し傷つける差別用語として、認められなくなっています。

　同性のカップルを、「結婚に相当する関係」と認めるパートナーシップ制度が、東京都の渋谷区と世田谷区で開始されてから、2020年11月５日で５年になります。この制度は現在、全国60以上の自治体に広がりをみせています。

　とくに、渋谷区は、「渋谷区男女平等及び多様性を尊重する社会を推進する条例」を制定しました（2015年３月成立、同年４月１日施行）。行政としては全国初の、取り組みです。同性カップルを「結婚に相当する関係」と認め、お互いを「パートナー」とする証明書を発行することなどを定めています。

③ 両性愛（bisexual：バイセクシュアル）

　異性・同性どちらも好きになれるという性的指向をもつ、セクシュアリティ（性的人格）のかたちです。

④ トランスジェンダー（transgender）

　自分の生物学的な性別に違和感があり、生物学的性別と性自認が一致しない状態にあり、その枠を超えようとする思考や意思、行動をともなうセクシュアリティ（性的人格）のかたちです。

　FtM（Female to Male：女性から男性への変更希求）、MtF（Male to Female：男性から女性への変更希求）、またトランスベスタイト（TV）もあります。TVは、異性の服装をまとうことにより、性別違和感を解消しようとする思考や行動です。

　近時、LGBTQと表現されることが多くなりました。頭文字をとっています。LはレズビアンのL、GはゲイのG、BはバイセクシュアルのB、TはトランスジェンダーのTです。そして、QはクエスチョニングのQです。クエスチョニングとは、自分の性別がわからない、性別を意図的に決めていない、決まっていない、模索中にある状態のことで、性自認の多様性を意味します。

⑤ トランスセクシュアル（TS）

　性別適合手術を必要としている状態が、TSです。そして実際に、診断・治療の過程や段階に入っている状態を、性同一性障害（GID：Gender Identity Disorder）といいます。診断・治療の第一段階がカウンセリング、第二段階がホルモン療法、第三段階が手術療法です。

⑥ 性同一性障害者特例法の問題点

　性同一性障害に関しては、「性同一性障害者の性別の取扱の特例に関する法律」（2003年7月成立、2004年7月施行）が、存在しています。通称を「性同一性障害者特例法」といいます。戸籍の性別の変更を認める法律で、一定の要件を満たす者に限って適用されます。

　法改正も行われ、現行の性別変更要件は、「20歳以上であること」「現に婚姻をしていないこと」「現に未成年の子どもがいないこと」「生殖腺がないこと又は生殖腺の機能を永続的に欠く状態にあること」「その身体について他の性別

に係る身体の性器に係る部分に近似する外観を備えていること」、とされています（同法3条1項）。

しかし、現行の性別変更要件について、現に婚姻をしていないとは、離婚の必要を意味することになり、また同性婚の否定という認識にもつながります。生殖能力の除去・手術済みが要件とされていることにも、自己選択・自己決定権を厳しく制約するものとして、批判の声が上がっています。

2020年9月23日、日本学術会議（法学委員会　社会と教育におけるLGBTIの権利保障分科会）は提言として、「性的マイノリティの権利保障をめざして（II）─トランスジェンダーの尊厳を保障するための法整備に向けて─」を発表しました。とくに、ここで、その提言1について、紹介しておきましょう[1]。傾聴に値する、重要な提言となっています。

提言1　トランスジェンダーの権利保障のために、国際人権基準に照らして、性同一性障害者特例法に代わる性別記載の変更手続に係る新法の成立が必須である。国会議員あるいは内閣府による速やかな発議を経て、立法府での迅速な法律制定を求めたい。

トランスジェンダーの人権保障のためには、本人の性自認のあり方に焦点をあてる「人権モデル」に則った性別変更手続の保障が必須である。現行特例法は、「性同一性障害」（2019年WHO総会で「国際疾病分類」からの削除を決定）という「精神疾患」の診断・治療に主眼を置く「医学モデル」に立脚しており、速やかに廃止されるべきである。特例法に代わる新法は「性別記載の変更手続に関する法律（仮称）」とし、国際人権基準に則した形での性別変更手続の簡素化が求められる。以上の見地から、国会議員あるいは内閣府（法務省による法案作成）による速やかな発議と立法府での迅速な法律制定を求めたい。

---

*1　2020年9月23日付、日本学術会議（法学委員会　社会と教育におけるLGBTIの権利保障分科会）「性的マイノリティの権利保障をめざして（II）─トランスジェンダーの尊厳を保障するための法整備に向けて─」、日本学術会議ホームページより引用。2020年11月23日アクセス。

4　多様な「性」・セクシュアリティへの寛容へむけて

　異性愛以外が、差別や偏見、攻撃の対象とされてしまうのは、なぜでしょうか。奇異な—特異な—性的行為で結ばれているとする"歪んだ"イメージにしばられているからです。そして、その根っこにある本質的な拒否感(観)は、「彼ら・彼女らは子どもをつくらない、つまり生産性がない(生殖関係にはない)」ことへの嫌悪なのです。嫌悪はまさに、戦争や差別、暴力を生み出す"根源"です。嫌悪を「寛容」によって溶解させていく必要があります。

　1995年は、「国際寛容年」でした。1993年の国連総会において、1995年を国際寛容年とすることが、正式に採択されました。その採択理由に、「寛容…他者を認め尊重すること、共に生き、他者に耳を傾ける能力…はあらゆる市民社会と平和の強固な基盤であることを確信し、」*² という一節があります。

　寛容は、多様なセクシュアリティ(性的人格)のかたちの保障にとっても、必要不可欠です。「性」(セクシュアリティ)とは、第一に、「その人の〈心が生きる〉〈心が生きている〉」こと、と先に述べました。〈心が生きている〉その個人として尊重すること、異なりながらも共に生きること、だからこそ他者の声に耳を傾けていく必要があること、個性と多様性はそうしたところに開花し、伸張していくものです。

▶▶▶ **参考文献**（刊行年順）

・谷口洋幸・綾部六郎・池田弘乃編『セクシュアリティと法＝Sexuality and Law—身体・社会・言説との交錯』法律文化社、2017
・浅井春夫『包括的性教育—人権、性の多様性、ジェンダー平等を柱に』大月書店、2020

＊2　藤田秀雄訳「国際寛容年」堀尾輝久・河内徳子編『平和・人権・環境　教育国際資料集』青木書店、1998、442～443ページより引用。

28

第5講

セクシュアリティと人権 ②

—— 基本的人権としての性的人格権

基本的人権としての「性的人格権」

① 性的人格権としての構成

　個人の性的事がらに関する固有の（特有の）人格【＝セクシュアリティ】は、人権として構成し、展開することができるでしょう。性的人格権として、です。

　その法的原拠として、憲法13条の幸福追求権を挙げることができます。「幸福を追い求める」との意味内容には、性的人格の自由な発展も、当然にふくまれるものだからです。性的人格権は、幸福追求権のセクシュアリティ部面を照らし出すもの、といえるでしょう。また、憲法24条の「家庭生活における個人の尊厳と両性の本質的平等」も根拠となります。人間の尊厳としての「個人の尊厳」のなかには、その個にとっての性的尊厳（Sexual Dignity）が存在しています。性的尊厳とは、「国家権力や、社会的経済的条件や、他者によって歪められ侵害されてはならない自己のセクシュアリティという人格の尊厳」といえるでしょう。

　性的人格権は、この性的尊厳に裏打ちされるものであり、自己の性的事がらや性行動に関して、「支配からの自由（解放）」「暴力からの自由（解放）」「搾取からの自由（解放）」を、中核とします。もちろん、「平等権」（憲法14条1項）、「奴隷的拘束及び苦役からの自由」（憲法18条）、「健康で文化的な最低限度の生活を営む権利（生存権）」（憲法25条1項）なども、性的人格権の構成・展開としての拠りどころとなるものです。

② 性的人格権の定義

　筆者は、性的人格権を、「人間の、個人としての性的尊厳に基づく性的自由（強制、脅迫、恐怖からの自由）や性的自己決定（自立、自律、自治への自由）を基本性質として、本人の望まないいっさいの暴力性を排除していく自由権、ジェンダーとしてだけではない、生物学的性別・性自認・性的指向による違いを理由とする差別的取扱いの是正をめざしていく平等権、多様性の尊重という視点から積極的で多面的な施策を要求していく社会権、これらの権利を集合させた、セクシュアリティという人格価値についての、個人にとっての固有の権利」と、とらえています。

　なお、性的人格権に関しては、「福岡県における性暴力を根絶し、性被害か

ら県民等を守るための条例」が存在しています（2019年3月1日公布、同日施行）。この条例は、性暴力について、「性暴力 性犯罪、配偶者等性暴力、ストーカー行為、セクシュアル・ハラスメントその他特定の者の身体又は精神に対する性的行為で、当該特定の者にとって、その同意がない、対等ではない、又は強要されたものを行うことにより、その者の性的な問題を自ら決定する権利（以下「自己決定権」という。）又はその者の性的な問題に関する身体、自由、精神、名誉等の人格的な利益（以下「性的人格権」という。）を侵害する行為をいう。」（同条例2条2項4号）としています。

　このなかにおいて、性的人格権は、「その者の性的な問題に関する身体、自由、精神、名誉等の人格的な利益」と、定義されています。

2　許されない性暴力 ― 強制性交等罪【刑法177条】

①　強姦罪から、強制性交等罪へ

　性的人格権は、「配偶者間・恋人間暴力（かつての関係の場合もふくむ）」（ドメスティック・バイオレンス）、強制性交等、セクシュアル・ハラスメント、子ども「性」買、強制的不妊手術などの問題に対して、法的効果をもたらすものと考えられます。また、社会的・文化的につくりだされ固定化される性別役割（ジェンダー）を変更させながら、多様なセクシュアリティのかたち・あり方を支持する人権、ともなるものです。

　ここでは、とくに「強制性交等」という性暴力を、取り上げたいと思います。性的人格権への最大の脅威、侵害状況と考えるからです。

　性暴力とは、本人の望まないいっさいの性的関係・性的言動が、自己の心身を侵襲してくる、恐怖のダイナミズムです。性暴力は、性的人格権への不当な攻撃であり、犯罪です。「暴力や脅迫を用いる」「性的同意がない」という、まさに、強制力による支配そのものです。

　2017年、性犯罪規定に関係する刑法の改正が、110年ぶりに行われました。明治時代以来の、根本的改正です。強姦罪から「強制性交等罪」へと変更されました。じつは、強姦罪は、女性のみが被害の対象とされ、男性器の女性器への挿入（性交の有無）が、犯罪構成要件とされていました。刑罰も3年以上の

有期懲役で、強盗罪よりも"軽い"量刑だったのです（強盗罪は5年以上の有期懲役です）。財物的価値の方が、生きている人間の性的尊厳【性的人格】よりも重い、というように"逆転して"いたのです。しかも、親告罪であり、被害者からの刑事告訴がなければ犯罪として捜査を進めることができない、というものでした。

「強制性交等罪」は、被害の対象として、性別を外しました。また、性交の定義を拡大させ、性交類似行為もふくむもの、となりました。性交だけではなく、肛門性交（アナルセックス）、口腔性交（オーラルセックス）という性交類似行為も「性交等」の内容になります。量刑も「5年以上の有期懲役」に引き上げられ、また、「非親告罪」という扱いになりました。

②　性暴力 ── 「被害者側の視点」から理解していくことの重要性

これまでの「性暴力」観は、加害者側の視点で"語られる"ことが多かったのです。まさに、ジェンダーです。「推定的承諾」（明確に拒否しないということは、同意があるものと、みなされる）、「黙示の同意」（黙っているということは、そこには同意があるものと、みなされる）とする認識です。ですから、被害者側に、「本当に、抵抗することが、いちじるしく困難な〈抗拒不能〉の状況にあったのか」が問われることになり、説明責任が求められ、深刻な「二次被害」が、引き起こされてしまうことになるのです。二次被害とは、性犯罪や性暴力の被害者が、診察する産婦人科医や事情聴取をする警察官から、被害者にも責任があるというような発言を受けたり、「本当は、同意があったのでは…」という目で見られたりすることで、さらに、心理的・社会的なダメージを受けることです。

性暴力は、被害を受けた者の侵害された「性的人格権」、また被害から生き抜いた者（サバイバー）の視点から、その犯罪性と加害者責任が厳しく追及されなければなりません。

3　リプロダクティブ・ヘルス／ライツ （性と生殖に関する健康／権利）

「子どもを産む・産まない」──生殖能力をもたないという場合もふくんで──

という選択・決定の問題は、今日、リプロダクティブ・ヘルス／ライツ（性と生殖に関する健康／権利）といわれ、国際人権の重要な課題となってきています。国連「国際人口開発会議」（カイロ会議：1984年）において打ち出され、第3講のところでも触れた、第4回世界女性会議（北京会議）の「行動綱領」の95項目にも、明示されました。「リプロダクティブ・ライツは…すべてのカップルと個人が自分たちの子どもの数、出産間隔、ならびに出産する時を責任をもって自由に決定でき、そのための情報と手段を得ることができるという基本的権利、ならびに最高水準の性に関する健康およびリプロダクティブ・ヘルスを得る権利を認めることにより成立している。その権利には…差別、強制、暴力を受けることなく、生殖に関する決定を行える権利も含まれる。…」と、述べられています。

　性（セクシュアリティ）や生殖に関して、その個人やカップルが選択し決定した事がらについて、そのことについて、社会的に不利な立場に立たされることがないように、環境や条件をととのえていく一層の取り組みが、求められています。

4　リプロダクティブ・ヘルス／ライツをめぐる現実問題

①　"望まない妊娠" 回避について「不平等の関係性」になっていないか

　リプロダクティブ・ヘルス／ライツに関しては、避妊方法としてのピルの情報は正確に伝わっているか、"薬まかせ" となって女性だけにより負荷がかけられていないか、男性側は、避妊や望まない妊娠・出産に対して責任を負わないというような「不平等の関係性」になっていないか―そのような、ジェンダーの問題が、大きく横たわっています。

　また、性感染症の増加〈梅毒：20代前半の女性、20～40代の男性〉という問題もあります。望まない妊娠を防ぐ「避妊」や、性感染症の予防対策としても、コンドームの装着は必要不可欠です（「無いなら、NO」が基本です）。「相手に嫌われたくない」「その場の雰囲気に流されて」「自分たちに限って…」では、だめです。リプロダクティブ・ヘルス／ライツへの理解は、私たち一人ひとりにとって、「公共」としての責務です。

②　新しい生殖技術は、新たなる〈障がい差別〉を生じさせないか

　「新しい生殖技術は、新たなる〈障がい差別〉を生じさせないか」という問題もあります。生殖技術のいちじるしい進展は、出生前診断や着床前（受精卵）診断、遺伝子学的スクリーニングも可能にさせました。特定の「障がい」の保有や発生のリスクの確率を出せるようになってきています。

　実際に、「生まれてくる子どもに、高い確率で、障がいがあるかもしれない」として、中絶も行われています（選択的中絶）。

　「子どもを産む・産まない」ということに関して、選択できる幅が広がること自体は、リプロダクティブ・ヘルス／ライツという観点からも、支持されるところでしょう。しかし、もし、ある国家や社会が、「人口において、あらかじめ、〈障がい可能性〉（障がい発生率）を低減させたい、限りなくゼロに近づけたい」という"誘惑に駆られたとき"、その生殖技術は、〈障がい可能性〉のある生命の芽を人工的に摘み取るという方向で、利用されることにもなりかねません。新たなる〈障がい差別〉が呼び起こされる危険性があります。生殖技術と、その利用のされ方に対しての、十分な注視と警戒が必要です。

　2020年12月4日、「生殖補助医療の提供等及びこれにより出生した子の親子関係に関する民法の特例に関する法律」（通称：生殖医療民法特例法）が、成立しました。第三者から卵子や精子の提供を受けた生殖補助医療から生まれた、子どもの親子関係を明確にする民法の特例法です。同法は、「女性が自分以外の卵子を使って出産した場合、卵子の提供者ではなく、出産した女性を母とする」とします。精子提供では、「夫を父とする」とします。

　問題は、同法3条4項の「生殖補助医療により生まれる子については、心身ともに健やかに生まれ、かつ育つことができるよう必要な配慮がなされるものとする。」という規定です。

　「心身ともに健やかに生まれ、かつ育つことができるよう必要な配慮」とは、いったい、何を、意味するのでしょうか。生殖補助医療によって生まれる子の"健全性を配慮する"ということが、もし、疾病や障がいをともなって生まれてくる子の出生をめぐって、"未然に操作する"という方向に、同調圧力として誘導されることがあれば、それは結果として、生殖技術による〈障がい差別〉として、立ち現れてくる危険性をもっているということにもなります。

　実感としても、追いついていくことが困難な「高度科学・技術社会」のなかにあって、何よりも私たちの〈差別〉に対する人権観が、するどく、問われて

います。

5 「売買春」から「性売買」へ ― 性的人格権を活用して

　長らく、「売買春」（性を売る・性を買う）という表現が用いられてきました。「買春」―性を買う側の存在や責任を浮かび上がらせたという点で、筆者もそこに、意義を認めています。

　しかし、「売春」には、依然として、〈全人格的存在としての、自分そのものを売る〉という意味合いが残されており、そのことが、売春女性―春（性）を売る（圧倒的多数の女性）―へのつよい偏見や差別を生み出すことにつながりました（今も、なお）。売春行為には「淫ら」「ふしだら」「転落」など、「悪」とするイメージが、一方的に押しつけられてきたのです。

　売春防止法（1956年制定、1958年全面施行）という法律があります。同法は、「要保護女子の保護更生」という内容を有しています。要保護女子とは、「性行又は環境に照して売春を行うおそれのある女子」（同法34条3項）です。要保護女子のみが保護更生の対象とされており、ここには、「性を買う」側への視点は、まったくありません。

　「売春」にまとわりつく、この負のイメージを、転換させていく必要があります。そこで、「性サービス（性交および性交類似行為）を販売する行為」を「性売」、その者を「性売者」として、性サービス売買という"行為の事実"だけに焦点を当てて、〈全人格的存在としての、自分そのものを売る〉というような負の（悪の）イメージを変更させていきたいと考えます。

　「性サービス（性交および性交類似行為）を購買する行為」は「性買」、その者は「性買者」、性売買に携わって成立する産業（業者）は、「性売買業（者）」となります。

　こうした"言い換え"―とらえ直し―の必要は、性的人格権にとっても、不可欠なものです。たとえ、「性売」への接近や、結果として「性売」という選択がとられたとしても、その個人にとっての性的人格権は、「厳しい環境のなかにあっても貫通している、現在の、その個人にとっての、セクシュアリティとしての権利」として擁護されるもの、といえるからです。

「性売」のなかにあったとしても、けっして、その個人のセクシュアリティ【性的人格】としての価値や重さは、減ぜられるものではありません。どんな状況や環境下においても、セクシュアリティ【性的人格】としての権利は、不変なものとして、そこに貫かれているのです。

　「性売」せざるを得ない状況下にある、または追い込まれている個人を批判・抑圧しないような権利として、性的人格権を定着・深化させていきたいと考えます。「性売防止としての性的人格権、性売下にあってもの性的人格権」なのです。

6 「性売」は人権侵害か、「性労働」としての権利か

　近時、「性売者」（圧倒的多数が女性）から「セックスワーカー」へ、と認識を変更させようする活動が有力に展開されてきています。「性売者」としての仕事を「セックスワーク」、すなわち性労働ととらえ、職業のひとつのかたちとして社会的に認めていこうとする取り組みです。アムネスティ・インターナショナル（1961年発足：世界最大の国際人権NGO）も、「セックスワーカーの人権を擁護する」との、限定的ですが、承認の方針を打ち出しました（2015年8月）。現実的な対応策として、第一に、差別や暴力の除去、心身の安全、搾取や人身売買からの保護、救済を求める権利を確保していきたいとの考え方からです。

　セックスワークを、自由意思による職業選択の自由、「性的自己決定権」として肯定的に認識してよいか、という問題もあります。「たとえ本人が、自由意志でその道を選んだようにみえるときでも、売春は、実は何らかの強制の結果なのである。」[*1]との指摘もあります。強制の結果とは、貧困、虐待、排除、孤立、無関心、絶望、障がいなど、何重にも人権が侵害されていく過程のなかで―生存への選択肢が狭められるなかで―、「性売」を選ばざるを得なかったということなのです。ですから、強制の結果としての「性売」を防止するとい

＊1　『国連経済社会理事会　売春問題報告書』売春問題ととりくむ会翻訳・発行、1983、5ページより引用。

う意味もふくませて、性的人格権を理解する必要があります。

　性的自己決定権には、「選択した結果、〈やめておけばよかった〉との後悔に
も、それは〈あなたが選んだ〉ことの自己責任」と、切り捨てるような "冷酷
な" 一面もあります。したがって、「性的人格権」イコール（＝）「性的自己決
定権」ではない、ことに注意を要します。

　性売は人権侵害か、性労働としての権利か─じつはこの問題は、単純に、一
概に、結論を出すことはできません。性売（それへの過程もふくめて）には、
たしかに、人権侵害という面も、労働という面もあるからです。どの面を照射
するか─強調するか─によって、答え方は異なってきます。

　けっきょくは、その個人の性的人格権が性売によって、〈どのくらい不安定
に "揺れ動いた" のか〉という、その実際や度合いによって把握していくしか
ないのかもしれません。

▶▶▶ **参考文献**（刊行年順）
・青山薫『「セックスワーカー」とは誰か　移住・性労働・人身取引の構
　造と経験』大月書店、2007
・性暴力救援センター・大阪SACHICO編『性暴力被害者の法的支援─性
　的自己決定権・性的人格権の確立に向けて─』信山社、2017
・SWASH編『セックスワーク・スタディーズ　当事者視点で考える性と
　労働』日本評論社、2018

第**6**講

子ども虐待と人権

── 「人権・権利・人権擁護」、「親権」の意味
　を考える

　「子どもの人権の尊重を」―たしかに、そのとおりです。しかし、日々の日常生活において、その尊重をたえず意識し、確保することは、実際には難しいといえるでしょう。「子どもの人権の尊重を」とは、はたして、何を意味するのでしょうか。

　本書では、子ども期を、「18歳未満という間の人生を生きる時期」とし、そこに位置づいている人間存在を「子ども」としたいと考えます。

　人権や権利は、実体としては、具体的に目には見えないものです。また、尊重の確保の度合いや、逆に、侵害の程度や影響は、なかなか客観的には把握しづらいものです。それでもなお、「その子が、親・家族・他者・地域・社会・文化・情報その他のあらゆる分野に、安全・安心をもって自由にかかわり、その子自身にとって納得・満足できる関係や内容を追い求めながら、成功や失敗、過ちや反省を繰り返しながら、人間的成長を遂げていくことができる」―その内容・条件・環境を整えていくことを「子どもの人権の尊重」ととらえるならば、けっして、その確保の取り組みにおいて、ひるむことはないでしょう。

　人権（じんけん）を、「人間（人と人との間：じんかん）の権利」＝（<u>人間権</u>〈<u>じんかんけん</u>〉）と理解すると、わかりやすいかもしれません。人権は、「人間らしく自分らしく生きていくことが、だれにとっても、いつでも、どこでも、どんな状況にあっても、大事に尊重されることであり、またその相互尊重承認・約束事であり、相互の利益の確保へむけての具体的な手続の保障」と、表現することもできるでしょう。

　人権は、正確には、基本的人権（fundamental human rights）といいます。「人間が生まれながらにして、<u>人間</u>として当然に有している<u>基本的</u>な権利」です。いかなる国家権力や社会的権力、あるいは他者の力によっても、けっして奪うことのできない、また他に譲渡できないという性質をもちます。人権の根本的源泉は、実定法（人為的につくられる法）を超越するところにある「自然法」（人間の本性や理性に基づく普遍的な法）にあります。

　つまり、人権は、国家や体制的秩序が成立するよりもはるか以前の段階より、すでに、人間個々にすでに内在化されている自然権なのです。

　世界人権宣言（1948年国連総会採択）1条は、「すべての人間は、生れなが

らにして自由であり、かつ、尊厳と権利とについて平等である。人間は、理性
と良心とを授けられており、互いに同胞の精神をもって行動しなければならな
い。」と、うたいます。

　こうした自然権思想に立脚するものが憲法です。自然権は憲法に取り込まれ、
「憲法上の人権」として成文化されました。日本国憲法も自然権の上に立って、
憲法上の人権として保障するものです。

2　権利とは、なにか

　権利は、まず、国家や体制的秩序によって制定される実定法を必要とします。
この人為的につくられる法（実定法）によって初めて、権利は個人や集団に付
与されることになります。すでに存在している法（律）を根拠にして、人は一
定の利益を主張したり、それを受け取ったり、逆に義務が課されることにもな
るのです。

　たとえば、民法3条1項は、「私権の享有は、出生に始まる。」と規定してい
ます。人は「生まれる」と同時に、私権（私法上、有することが認められる権
利能力の総称）を取得できることになります。通説上の「出生」とは、生きて
いる状態で母体から完全に分離した状態を意味します（全部露出説）。また、
同法752条は、「夫婦は同居し、互いに協力し扶助しなければならない。」とし
ます。夫婦となることで、双方には、同居義務、協力義務、扶助義務が課せら
れることになるのです。

3　子ども期の人権保障・権利擁護・人権擁護とは

　まず第一に、子ども期の人権・権利は、憲法を中心に具体的な法律や条例を
通して保障される、ということです。「憲法上の人権」の本質は、普遍性（人
間であれば、だれにでも認められること）・固有性（人間として生まれたならば、
当然に認められること）・不可侵性（公権力によって、侵害されないこと）です。

一方、「私法上の権利」（とりわけ民法）の本質は、私的自治（当事者相互で自由に決める）・信義誠実（当事者相互が相手の信頼を裏切らずに誠意をもって行動する）・権利濫用禁止（権利や権限について限度を超えて用いてはいけないこと）、です。

　子ども期を生きるという人間存在の意味を、法的に考えるとき、「子ども期の〈人権として保障されるべき〉」という面（憲法的視点）と、「子ども期の〈権利として擁護されるべき〉」という面（私的視点）の両方を同時にとらえる認識が、ぜひとも、欠かせません。「子ども期の人権保障」と「子ども期の権利擁護（利益確保）」の同時的把握を、「子どもの〈人権擁護〉」として理解することができるでしょう。

4　子ども虐待 ― 憲法的視点からの理解

　子ども虐待は、とくに、憲法13条（個人としての尊重、生命権・自由権・幸福追求権の最大の尊重）、同14条１項（社会的関係における差別の禁止）、同18条（奴隷的拘束及び苦役からの自由）、同25条１項（生存権）にかかわる、深刻な人権問題です。

　同12条は、「この憲法が国民に保障する自由及び権利は、国民の不断の努力によつて、これを保持しなければならない。又、国民は、これを濫用してはならないのであつて、常に公共の福祉のためにこれを利用する責任を負ふ。」と規定します。これは、国民に対して、自由や権利の濫用を戒め、「公共の福祉」（他者の自由や権利に危害を加えないよう回避する責任原則―他者危害回避原則―）に合致するよう要請するものです。

　同13条にある、「公共の福祉に反しない限り」という文言も、同様に、「他者への危害を回避する限り」と解されます。虐待は、「親（保護者）の、子に対する危害行為」です。危害回避ではなく、まさにその逆の、危害を加える暴力そのものです。危害行為は、「自由や権利の濫用」に当たり、その子の基本的人権を侵害する行為であり、許されません。

5　子ども虐待 ― 私法的視点からの理解

　子ども虐待は、私人間（しじんかん：私とあなたの関係性）における、「親（保護者）の、子に対する権利侵害」に当たります。

　「親権」というものがあります。親権は私権のひとつとして、その子の親になった者に付与される権利です。しかし、これは、けっして、無制限ではありません。民法1条が、この趣旨を明らかにしています。同法1条は、「私権は、公共の福祉に適合しなければならない。」（1項）、「権利の行使及び義務の履行は、信義に従い誠実に行わなければならない。」（2項）、「権利の濫用は、これを許さない。」（3項）と、規定します。

　子ども虐待は、私法的関係においても、公共の福祉にいちじるしく適合しない行為であり、信義誠実も破る、親（保護者）の「親権の濫用」としての形態です。親権濫用は、子どもの権利を侵害するもの（その最終形が〈虐待死〉）であり、けっして、許されるものではありません。

6　親権とは、なにか

　親権に関して、民法820条は、「親権を行う者は、子の利益のために子の監護及び教育をする権利を有し、義務を負う。」とし、親権を「子の利益のための権利・義務」ととらえます。また児童虐待防止法14条1項は、「児童の親権を行う者は、児童のしつけに際して、体罰を加えることその他民法（明治29年法律第89号）第820条の規定による監護及び教育に必要な範囲を超える行為により当該児童を懲戒してはならず、当該児童の親権の適切な行使に配慮しなければならない。」と、規定します。

　これら法条項は、国際人権法としての「児童の権利に関する条約」（子どもの権利条約）と理念的に呼応しあうものです。同条約18条1項は、「締約国は、児童の養育及び発達について父母が共同の責任を有するという原則についての認識を確保するために最善の努力を払う。父母又は場合により法定保護者は、児童の養育及び発達についての第一義的な責任を有する。児童の最善の利益は、

これらの者の基本的な関心事項となるものとする。」と規定し、「児童の最善の利益の考慮」の必要を、大きく打ち出します。

7 親権の濫用としての、子ども虐待

　親権の濫用としての子ども虐待について、児童虐待防止法14条2項は、「児童の親権を行う者は、児童虐待に係る暴行罪、傷害罪その他の犯罪について、当該児童の親権を行う者であることを理由として、その責めを免れることはない。」とし、刑法上の刑罰適用に当たる"犯罪であること"を明らかにします。

　なお、親権の濫用に対しては、民法834条の2の1項は、「父又は母による親権の行使が困難又は不適当であることにより子の利益を害するときは、家庭裁判所は、子、その親族、未成年後見人、未成年後見監督人又は検察官の請求により、その父又は母について、親権停止の審判をすることができる。」とし、親権の一時停止について定めています(同2項―2年を超えない範囲内)。また、さらにつよく、親による子ども虐待が認められた場合には、家庭裁判所は親権の喪失を宣告できるとする「親権喪失手続」についても、法定します（民法834条）。

　「煮て食おうが焼いて食おうが、親の勝手」とされてきた、旧来の「親の私物としての子ども観」（「法は家庭に入らず」「警察の民事不介入の原則」）は、否定されています。

　子ども虐待防止は、子どもの人権保障、「公共の福祉」（子への危害回避原則）の実現、「親権」に求められる「子どもの利益の確保」や「濫用の禁止」という、法的関係（権利―義務関係）にあるものとして、理解が深められていくことが、つよく求められています。

8 「国連人権教育の10年」（1995〜2004年）の意義

　1995年から2004年は、「国連人権教育の10年」でした。人権教育は、「知識と

技術の伝達及び態度の形成を通じ、人権という普遍的文化を構築するために行う研修、普及及び広報努力」と定義され、次の5点が掲げられました[*1]。すなわち、①人権と基本的自由の尊重の強化、②人格及び人格の尊厳に対する感覚の十分な発達、③全ての国家〔人民〕、先住民、及び人種的、民族的、種族的、宗教的及び言語的集団の間の理解、寛容、ジェンダーの平等並びに友好の促進、④全ての人が自由な社会に効果的に参加できるようにすること、⑤平和を維持するための国連の活動の促進、です。

　親権とその適切な行使についての「知識と技術の伝達及び態度の形成」は、子ども虐待防止にとって欠くことのできない、普遍的な人権教育の一内容といえるでしょう。また、子どもという人間存在の「人格及び人格の尊厳に対する感覚の十分な発達」という認識も、教育や研修、広報によって普及・確保されていく必要があります。

　言い換えると、「親の私物としての子ども観」ではない、「民主的社会の構成員の一人としての子ども観」が、市民的公共性として定立されていかなければならないということです。

9　「国際家族年」から考える ―「親権」の社会的意味

　1994年は、「国際家族年」でした。そのスローガンは「家族から始まる小さなデモクラシー」（政府訳）とされました。英文では、「building the smallest democracy at the heart of society」という表記ですので、より正確には、「社会の核（としての家庭）に最も小さな民主主義を築いていくこと」となるでしょうか。子どもは、社会の構成員の確かな一員であり、親や保護者が第一義的責任をもって一員としてのその子の成長発達を支えていく、ということなのです。

　その意味で、親権は、民主的な社会によって親（保護者）へ「信託」されているものと考えられ、国家や社会もまた、親権が適切に行使されるように支援

＊1　人権教育の定義、および5点の目標の日本語訳については、外務省人権難民課仮訳「人権教育のための国連10年（1995年〜2004年）行動計画」堀尾輝久・河内徳子編『平和・人権・環境　教育　国際資料集』青木書店、1998、454ページより引用。

していく必要がある、ということになるのです。

10 SDGsの課題としても

　「持続可能な開発目標」（SDGs：Sustainable Development Goals）とは、国連サミット（2015年9月）において採択された「持続可能な開発のための2030アジェンダ」にて掲げられた、2016年から2030年までの国際目標のことです。持続可能な世界の実現のため、17のゴールと169のターゲットが示されています[*2]。

　「だれひとり取り残さない」（No one will be left behind）ことを誓い、SDGsは、発展途上国だけでなく、先進諸国も当然にふくんだ、取り組むべきユニバーサルの（普遍的な）課題とされているものです。その17のゴールとは、①貧困をなくそう、②飢餓をゼロに、③すべての人に健康と福祉を、④質の高い教育をみんなに、⑤ジェンダー平等を実現しよう、⑥安全な水とトイレを世界中に、⑦エネルギーをみんなにそしてクリーンに、⑧働きがいも経済成長も、⑨産業と技術革新の基盤をつくろう、⑩人や国の不平等をなくそう、⑪住み続けられるまちづくりを、⑫つくる責任つかう責任、⑬気候変動に具体的な対策を、⑭海の豊かさを守ろう、⑮陸の豊かさも守ろう、⑯平和と公正をすべての人に、⑰パートナーシップで目標を達成しよう、というものです。

　子ども虐待は、まさに、子どもの生命の—その将来の—持続可能性をゆがめ、剥奪する行為です。食事を十分に与えないことによる栄養失調（「飢餓をゼロに」に背反）、変調を来しても医療を受けさせない（「すべての人に健康と福祉を」に背反）、恐怖と欠乏に陥れる（「人や国の不平等をなくそう」に背反）など、虐待は、親と子のパートナーシップ性を否定し、子どもを"踏みにじっていく"犯罪行為なのです。

＊2　SDGsに関しては、例えば、田中治彦・三宅隆史・湯本浩之編著『SDGsと開発教育　持続可能な開発目標のための学び』学文社、2016／日能研教務部企画・編集『SDGs（国連　世界の未来を変えるための17の目標）2030年までのゴール』日能研、2017等を参照のこと。

11　児童の権利に関する条約（子どもの権利条約）の理念から

　1989年に国連総会で採択された「児童の権利に関する条約」（子どもの権利条約）前文の一節は、「…児童が、その人格の完全かつ調和のとれた発達のため、家庭環境の下で幸福、愛情及び理解のある雰囲気の中で成長すべきであること…」「…児童が、社会において個人として生活するため十分な準備が整えられるべきであり、かつ、国際連合憲章において宣明された理想の精神並びに特に平和、尊厳、寛容、自由、平等及び連帯の精神に従って育てられるべきであること…」と、うたいます。

　今、その家庭環境のなかにあるその子にとって、幸福、愛情および理解のある雰囲気とは、どういうことを意味するものなのか、平和、尊厳、寛容、自由、平等および連帯の精神に従って養育されるとは、具体的にどのようなことなのか、「子ども（その子）にとっての最善の利益」確保という視点から問われていく必要があります。

　「最善の利益の考慮〈確保〉」のための親権、その社会的支援策が欠かせなくなっている今日的状況があります。

▶▶▶ **参考文献**（刊行年順）
・榊原富士子・池田清貴『親権と子ども』岩波新書、岩波書店、2017
・木村草太編『子どもの人権をまもるために』晶文社、2018
・植木信一編著『子ども家庭福祉』北大路書房、2019

第**7**講

「障がい」と人権 ①

―― 「障がい」とは、なにか

1 「障害」から「障がい」へ

　まず第一に、確認しておくべきことは、「障がい」は悪いことでも隠すべき
ことでも、他者から“不幸だ”と決めつけられることでも、けっしてない、と
いうことです。

　「障害」ということばは、その人（その家族もふくめて）に、負のイメージ
を押しつける力をもってきました。「害」—害悪、害虫、害毒…等々です。「障
り（さしさわり）」があることは「害」（悪いもの）とする価値観が多数派によっ
てつくられ、「障がいのある人（子ども）」は、排除や迫害の対象とされつづけ
てきたのです。「障がい」は、“神のたたり”として忌み嫌われ、“異形”とみ
なされるがゆえに、当然のように、偏見や差別がまかり通ってきたのです。

　ですから、過渡的ではありますが、「障害」を「障がい」に変更しようとす
る動きが出てきているのです。少しずつですが、普及してきている感がありま
す。「がい」を、ひらがなにすることで、「害」（悪いもの）とするイメージを
払しょくさせる効果とその波及をめざすものです。

　応援する意味の、「障害を乗りこえて、ガンバロウ！」という呼びかけも、
じつは、「障がいは〈克服すべき〉もの」との負のイメージを起点にする要素
をふくんでいます。

　「障害を乗りこえて、ガンバロウ！」…はたして、本当に努力が必要なのは、
だれなのでしょうか。

2 社会的障壁こそが問題

　本人の前に、「障壁」として立ちふさがるのが、バリアです。だとしたら、
そのバリアとそれを生み出す社会そのものを変容させていく必要があります。

　社会的障壁（心の障壁、制度の障壁、物理的環境の障壁、情報の障壁など）
を取り除いていく取り組みこそ、重要な課題です。本当に努力が必要なのは、
「〈障がい〉のない」という多数派、そして、その多数派中心で構築されてきた
社会そのものなのです。

　次講において少し詳しく触れますが、「障害を理由とする差別の解消の推進に関する法律」（通称：障害者差別解消法）という法律があります。同法は、社会的障壁について、「障害がある者にとって日常生活又は社会生活を営む上で障壁となるような社会における事物、制度、慣行、観念その他一切のものをいう。」と、規定しています（同法2条2号）。社会的障壁の除去（障壁からの自由）が、「バリア・フリー」です。

3　「障がい」とは、なにか ― 国際生活機能分類（ICF）の有効性

　障害者基本法は、障がいのある人について、「身体障害、知的障害、精神障害（発達障害を含む。）その他の心身の機能の障害（以下「障害」と総称する。）がある者であつて、障害及び社会的障壁により継続的に日常生活又は社会生活に相当な制限を受ける状態にあるものをいう。」と、定義します（同法2条）。障害者差別解消法も、同様の文言となっています（同法2条1号）。ここで、注目すべきは、「社会的障壁により…相当な制限を受ける」という社会的障壁が、問題とされている点です。

　これまで、障がいに関する国際的な分類として、世界保健機関（WHO）が1980年に「国際疾病分類（ICD）」の補助として発表した「WHO国際障害分類（ICIDH）が、用いられてきました。

　ICIDHのモデルとは、「疾患や変調」（disease,disorder）が原因で「機能・形態障がい」（impairment）が起こり、それが「能力障がい」（disability）となり、そこから「社会的不利」（handicap）が引き起こされる、という考え方です。障がいを「機能・形態障がい」「能力障がい」「社会的不利」という3つのレベルに分けてとらえ、「障がいの階層性」を明らかにした点では画期的なものでした。

　しかし、社会的不利（差別）は、「機能・形態という障がい」「能力の障がい」からだけではなく、たとえ動かすことのできる身体であったとしても、その容姿や動作から、引き起こされてきたのです（後述する「ハンセン病」が、まさにそれです）。

　WHOは2001年5月の第54回総会で、ICIDHのモデルを改訂し、「ICF

(International Classification of Functioning, Disability and Health）」を採択しました。日本語では「国際生活機能分類」といわれます。

　人間の生活機能と障がいについて、「心身機能・身体構造」「活動」「参加」という3つの次元に、背景因子（個人因子と環境因子）の視点を加えてとらえようとするものです。障がいがあっても、「こうすれば、できる」というように、プラスの視点から「生活を営むことの全体像」を把握し、広く総合的に、理解することをめざすものです。

　本人のかかえる「障がい」という心身機能・身体構造は、たしかに、不自由さをともないます。しかし、その不自由さは、個人因子（年齢・性別・価値観など）と環境因子（住まい、制度・政策、人々の社会的態度など）の背景因子によっても変動するものです。背景因子の肯定的側面がつよければ、「活動」や「参加」の度合いは大きくなります。その逆だと、活動や参加への制限・制約がつよまることになります。

　本人の健康状態は、「心身機能・身体構造」「活動」「参加」という3つの次元に背景因子（個人因子と環境因子）が加わって、それら相互関係作用のなかでつくられるものです。ですから、本人のかかえる「障がい」への働きかけと、「社会的障壁」除去へむけた働きかけが、同時に重要となるのです。

4　ICF ― 身近な例から

　例えば、アクシデントで左足首を骨折した場合のことを考えてみましょう。左足首の骨折というのは、「心身機能・身体構造」の問題です。これには医学的処置で対応します。それではすぐに、「左足首の骨が折れているので、動けない」ということになるのでしょうか。自力で歩行することは、困難かもしれません。しかし、もしそこに、本人の外出したいとの意志があり（個人因子）、車イスがあれば（環境因子）、移動・活動・参加は、可能となります。

　しかし、家から出られたとして、街中のいたるところに段差があったとしたら、どうでしょう。歩道の幅が狭かったら、どうでしょう。利用できるトイレがなかったら、どうでしょう。エスカレーターやエレベーターがなかったら、どうでしょう。電車やバスの昇降口が高く乗車できないとしたら、どうでしょ

う（環境因子）。「骨折はしているが、手は動かせるし、外出したい」という願いは阻まれ、けっきょくは、「足を骨折しているので、外出できない（家から動けない）」という否定形に、とどまってしまうことになります。

　車いすを用意しましょう、ヘルパーをつけましょう、福祉車両を準備しましょう、段差をなくしスロープを設けましょう、車いすでも安全に通れるように歩道の幅をひろげましょう、車いす対応のトイレを用意しましょう、エスカレーターやエレベーターを設けましょう、電車やバスの昇降口を低くしましょう——このように環境因子の改善が確保されれば、「足を骨折してはいるが、外出できる」という意欲的な肯定形に転じるのです。

　ICFは、個人因子・環境因子の状況と、「活動や参加への度合い」との相互関係作用のなかで、その本人にとっての障がいの意味や健康状態を理解しようということなのです。

5　「障害者」「障害児」という名前の人は、いない

　「障害者」「障害児」という名前の人や、子どもがいるわけではありません。固有の名前をもつ——人格と個性を有する——ひとりの人間が存在し、たまたま、「心身機能・身体構造上、何らかの支援を必要としている」だけなのです。「〜が損傷、喪失している」その本人に、「〜があれば、〜できますね。」と呼びかけ、必要な支援を提供し、その本人にとっての社会的障壁を一つひとつ取り除きながら、「〜さん、いっしょに〜しましょう」と誘い合えるような人間関係や社会的関係づくりが求められています。社会的障壁（心理的障壁、制度的障壁、物理的障壁など）こそ、差別を生み出す人権問題としてとらえ、その解消をめざしていく必要があります。

　障害者基本法は、「…全ての国民が、障害の有無にかかわらず、等しく基本的人権を享有するかけがえのない個人として尊重されるものであるとの理念にのつとり、全ての国民が、障害の有無によつて分け隔てられることなく、相互に人格と個性を尊重し合いながら共生する社会を実現する…」（同法1条）と、うたいます。ノーマライゼーションの法的表現として、高く評価されるものといえるでしょう。

6 「人間って　なんですか」

　両川吉郎という人の書いた「詩」があります。「人間って　なんですか」[*1]という タイトルです。「障害」という表現が用いられていますが、「障がい」のとらえられ方—人間存在としての意味—を "閉じられた社会" に、するどく、本質的に問いかけるものです。

　少し長い引用ですが、ここに紹介して、第7講を終えることにします。

人間って なんですか

両川　吉郎

人間が生きるって　なんですか
共に生きるって　なんですか　人間の命って　なんですか
人間って なんですか
自立って なんですか
支えのある自立は　いけませんか
えらい人って　どんな人ですか
えらくない人って　どんな人ですか
どうして　人間を区別するのですか
人間って なんですか

個性って なんですか
自分の個性を大事にしていますか
他人の個性を　認めていますか
障害は　個性だと思いませんか
障害も　個性じゃないですか
人間ってなんですか

＊1　一番ヶ瀬康子・伊藤隆二他13名『社会福祉基礎（文部科学省検定済教科書・高等学校福祉科用）』一橋出版、2003年、130ページより引用

障害って　なんですか
障害に 児がつくと　どうして差別するのですか
障害に 者がつくと　どうして差別するのですか
障害は　いけないことですか
差別される人間のことを考えたことがありますか
人間って　なんですか

ほんとうの人間って　なんですか
ほんとうの人間って　いるんですか
うその人間って　いるんですか
人間って　なんですか

福祉って　なんですか
ほんとうの福祉って　なんですか
人間愛って　なんですか
人間って　なんですか

▶▶▶ **参考文献**

・荒井裕樹『障害者差別を問いなおす』ちくま新書、筑摩書房、2020

「障がい」と人権 ②

―― 障害者の権利条約、
障害者差別解消法の視点から

1 障がいのある人への"差別的な"まなざし

　2016年7月26日、「相模原障害者施設殺傷事件」（津久井やまゆり園）が発生しました。U（横浜地方裁判所においてすでに「死刑判決」が確定）が、施設に侵入し、入所者19人を刺殺し、入所者および職員の計26人に重軽傷を負わせた事件です。知的に障がいのある人たちが日々生活していた施設における、大惨事でした。この事件は、社会全体に衝撃を与えました。Uは次のような意味のことを語りました。「意志の疎通がとれないような重い〈障害者〉は、安楽死させたほうがよい。彼らは人々を不幸にするだけだから。」と。

　本当に、「障がいのある人は不幸で、この世からいなくなれば、いい」のでしょうか。その答えは、明確に「否」です。重ねて、「否」です。人権思想を真っ向から否認し、障がいのある人を憎悪や攻撃（生命を奪う）の対象にすることは、たとえどのような理由であったとしても、断じて、許されるものではありません。「あなたは人々を不幸にさせるだけだから、生きている意味がない」との見方や考え方は、そう思考する側からだけの一方的な価値観の押しつけにしかすぎず、相手の人間としての意志や存在を、完全に無視するものです。人間の、「個人としての尊厳」の完全な否定です。

2 「福祉から雇用へ」の、自立支援の方向性にあるもの

　自立支援は今日、社会福祉にとっての重要な理念のひとつです。しかし、この〈自立〉が、「福祉から雇用へ」という政策的動向のなかで、強調されて使われるとき、「生産性があるか・否か」「社会の役に立つか・否か」という市場社会に貢献できる労働力の担い手かどうかという経済的価値（基準）によって、自立の度合いのランクづけがなされていくことになります。それによって、"人間の優劣"が決められてしまうのです。

　重い障がいのある人もふくめて、障がいのない人たちも、労働能力が低いと評価された瞬間、その生存が"差別的な"まなざしにさらされ、市場社会から"切り捨てられてしまう"―排除されてしまう―厳しい現実があるのです。だ

とするならば、その深い根っこの部分は、もしかすると、「相模原障害者施設殺傷事件」と通底している可能性があるのです。

3　障害者の権利に関する条約（障害者の権利条約）とは

　障害者の権利条約は、2006年12月13日、国連総会において採択され、2008年5月3日に発効しました。日本国は2014年1月20日に批准し、同年2月19日に発効しました。この条約は、いかなる者に対する「障がいに基づく差別」が人間の固有の尊厳および価値を侵害するものであることを認め、障がいのある人のあらゆる人権および基本的自由の享有を促進し、確保することを目的として、障がいのある人の権利の実現のための措置等について、定めるものです。

　同条約の前文m項の一節は、「…障害者が地域社会における全般的な福祉及び多様性に対して既に貴重な貢献をしており、又は貴重な貢献をし得ることを認め…」と、うたいます。また同w項の一節は、「…個人が、他人に対し及びその属する地域社会に対して義務を負うこと並びに国際人権章典において認められる権利の増進及び擁護のために努力する責任を有することを認識し、…」と、述べます。「障がいのある人自身が、すでに多様性への貴重な貢献をしていること」「私たち個人には、障がいのある人の人権擁護のための努力責任があること」を打ち出しています。「相模原障害者施設殺傷事件」とは真逆の、人権への価値観を指向をするものです。

4　同条約のおもな内容

同条約のおもな内容として、次の①～④を上げることができるでしょう。

①　一般原則
　　――　障がいのある人の尊厳、自律および自立の尊重、無差別、社会への完全かつ効果的な参加および包容等について述べます。

② 一般的義務

　　—　合理的配慮の実施を怠ることをふくめ、障がいに基づくいかなる差別もなしに、すべての障がいのある人のあらゆる人権および基本的自由を完全に実現することを確保し、および促進すること等について述べるものです。

　　　　合理的配慮とは、一人ひとりの特徴や場面に応じて生じる困難さを取り除いていくための個別の調整や変更のことです。その個人の身体的精神的状況、目的や場面、取り巻く環境によって、必要となる合理的配慮の内容や程度は、異なります。配慮を行う行政機関や事業者の側にも人的・技術的・金銭的資源の限界があり、過度な負担ではない実現可能な配慮が求められることになります（同条約2条の趣旨）。

③ 権利実現のための措置

　　—　身体の自由、拷問の禁止、表現の自由等の自由権的権利および教育、労働等の社会権的権利について締約国がとるべき措置等に関して規定します。社会権的な権利の実現に関しては、漸進的に達成することを認めています。

④ 条約の実施のための仕組み

　　—　条約の実施および監視のための国内の枠組みの設置や、障害者の権利に関する委員会における各締約国からの報告の検討について、規定しています。

5　「障害を理由とする差別の解消の推進に関する法律」
　　　（通称：障害者差別解消法）とは

　この法律は、国連の「障害者の権利条約」の締結にむけ、国内法制度の整備の一環として2013年6月26日に公布され、2016年4月1日から施行されました。同法のおもな内容をみてみましょう。

　1つ目は、「目的」です。同法1条は、「…全ての障害者が、障害者でない者と等しく、基本的人権を享有する個人としてその尊厳が重んぜられ、その尊厳

にふさわしい生活を保障される権利を有することを踏まえ、…」とし、つづけて「…全ての国民が、障害の有無によって分け隔てられることなく、相互に人格と個性を尊重し合いながら共生する社会の実現に資することを目的とする。」と、うたいます。

　2つ目は、「不当な差別的取扱い」や「合理的配慮をしないこと」を差別とすることです。「不当な差別的取扱いの禁止」とは、「行政機関等」の国・都道府県・市町村などの役所や、会社やお店などの事業者が、障がいのある人に対して、正当な理由なく、障がいを理由として差別することを禁止するものです（同法7条・8条1項の趣旨）。「合理的配慮の提供の努力」とは、国・都道府県・市町村などの役所や、会社やお店などの事業者に対して、障がいのある人から、社会的障壁を取り除くために何らかの対応をとってほしいとの意思が伝えられたときに、負担が重すぎない範囲で対応することです（事業者は対応に努めること─同法7条・8条2項の趣旨）。

　「社会的障壁」については、前講でも述べましたが、同法2条2号は、「障害がある者にとって日常生活を又は社会生活を営む上で障壁となるような社会における事物、制度、慣行、観念その他一切のもの」と、規定しています。

　3つ目が、「国民の責務」です。同法4条は、「国民は、第1条に規定する社会を実現する上で障害を理由とする差別の解消が重要であることに鑑み、障害を理由とする差別の解消の推進に寄与するよう努めなければならない。」と、しています。

6　「国際障害者年」および「国連障害者の10年」がめざしたもの

　1981年は「国際障害者年」でした。また、つづく1983〜1992年は「国連・障害者の10年」でした。一貫して掲げられたスローガンは、「完全参加と平等」です。これが国際的な「達成目標」となりました。日本社会において、ノーマライゼーションという理念が広く普及・浸透しはじめたのも、この時期あたりからです。

　これに先立つ1979年、「国際障害者年行動計画」が策定されました。この行動計画の一節は、「…ある社会がその構成員のいくらかの人々を閉め出すよう

な場合、それは弱くもろい社会なのである。障害者は、その社会の他の者と異なったニーズを持つ特別な集団と考えられるべきではなく、その通常の人間的なニーズを充たすのに特別の困難を持つ普通の市民と考えられるべきなのである。」*¹と、明言しました。

　障がいのある人を"閉め出すような"社会は、"弱くてもろい"のです。排除する社会こそが、「障害」そのものです（ここは、あえて漢字の「害」にします）。

　社会それ自体に、障がいのある人たちを差別・排除したりするような構造やしくみ、文化があれば、そのような"閉じられた社会"そのものを「開かれた社会」に再構築（rehabilitate）していくこと─この取り組みが、ノーマライゼーションなのです。

▶▶▶ **参考文献**（刊行年順）
・二本柳覚編著『これならわかる〈スッキリ図解〉障害者差別解消法』翔泳社、2016
・保坂展人『相模原事件とヘイトクライム』岩波ブックレット、岩波書店、2016
・「現代思想　緊急特集　相模原障害者殺傷事件」青土社、2016年10月号
・藤井克徳・池上洋通・石川満・井上英夫編『生きたかった　相模原障害者殺傷事件が問いかけるもの』大月書店、2016

＊1　国際障害者年行動計画については、『ジュリスト増刊総合特集24　障害者の人権と生活保障』有斐閣、1981、383ページより引用。

9

ハンセン病と人権

―― なぜ、「隔離」や「断種」は、
　　つづけられたのか

1 ハンセン病とは

　ハンセン病は、癩（らい）菌という結核菌とちかい関係の細菌による感染症の一種です。感染力や毒性は弱く、発病することじたい"まれ"なのですが、皮膚や神経、粘膜をおかし、早期発見や治療が行われないと、頭・顔・鼻・眼・耳たぶ・手足の先など一見してわかりやすいところに、「身体的な外形的変化」が生じることがあります。

　ハンセン病は慢性の感染症であり、遺伝的な疾患ではありません。現在では、治療法も確立され、早期の適切な治療により後遺症もなく、治癒するものです。

　かつて、ハンセン病は、癩病（らいびょう）といわれていました。現在は、ハンセン病と呼ばれています。1873（明治6）年に、癩（らい）菌を発見したノルウェーの医師〔ハンセン氏〕の名前をとったものです。

2 偏見と差別のなかに

　一見してわかりやすいところの「身体的な外形的変化」は、「腐って落ちる」「溶けてなくなる」などと恐れられ、「不治の病」とみなされてきました。その症状を有する人々が、国家-社会の偏見と差別のなかに放り込まれてしまったのです。国家や社会が〈差別する側〉─加害者─となって、有病者たちに「国辱」というレッテルを貼ってきました。

　「療養所か、家で死ぬか」のどちらかの選択が迫られました。強制隔離・収容が行われました。私宅監置もありました。私宅監置とは、疾病や精神的な障がいのある人を自宅の一室や物置小屋、離れなど─鉄格子や施錠ができる─に閉じ込め、その人を強制的に「監置」することです。

　その家族も、「神のたたり」「業病」とののしられ、村八分や迫害の対象とされました。家族には「隠すこと」「沈黙」が、強いられたのです。

　療養所の環境は不衛生の極みであり、食事も粗悪なものでした。有病者は強制労働をさせられ、症状が悪化し、後遺症の重症化にもつながったのです。

3 強制された「断種」

　断種とは、精管や卵管の切除手術などによって生殖能力を失わせる手術、のことです。これが強制されたのです。強制的な生殖断絶手術は、1915（大正4）年、全生病院（東京：現在の多磨全生園）において開始され、全国に広がっていきました。「患者のため」という理由によって―正当性もないままに―その医的侵襲行為は行われたのです。有病者は、この強制手術により「子どもをつくれない、子どもを産めない身体」となり、それがまた、偏見と差別を増幅させることになったのです。

4 軍国主義の「優生思想」のなかで

　大日本帝国において軍国主義が台頭し、皇国日本は、アジア侵略へとむかう軍事政策を展開するようになります。戦争遂行のための人材確保として、「健康な兵士、健康な臣民」（健兵健民）が重要な国家目標とされました。当然のことながら、疾病や障がいは「国家-社会の〈敵〉」とみなされ、排除の対象とされたのです。

　優生思想がこの排除を下支えしました。優生思想とは、身体的・精神的に優れた者の遺伝子を保護し、逆に、劣っている者の遺伝子を取り除き、優秀な人類を後世に生かし遺していこうとする思想です。〈要るいのち・要らないいのち〉を、人為的に―医療という名のもとに―選別することを肯定する考え方です。

　戦時中、「国民優生法」（1940年制定）という法律が機能していました。国民優生法はナチス・ドイツの「断種法」を手本に、「悪質な遺伝性疾患の素質を有する者の増加を防ぐ」「健全なる素質を有する者の増加を図る」「国民素質の向上を期する」というものでした。そして、いのちの〈劣性〉が確認されたとき、国家は医師に対して、その除去を奨励し許可するという態度を示したのです。

　こうした優生思想と呼応するかのように、「無らい県運動」が全国的に広が

りました。1929（昭和4）年あたりから、各県は競うようにして、有病者を見つけ出し、強制的に隔離するという官民一体の運動を進めました（隔離した結果、わが県には〈らい患者はいない〉）。1931（昭和6）年、「癩予防法」が成立しました。それまでの「癩予防ニ関スル件」（法律：1907［（明治40）］年）が改正されたものです。癩予防法によって、強制隔離による〈らい病絶滅〉として、在宅の患者も療養所へ強制的に収容する政策がとられました。そして、全国に国立療養所が設置されていったのです。

5 戦後も、なお

　戦時中の「国民優生法」は、1948（昭和23）年、「優生保護法」に変わりました。しかし、優生保護法は優生思想を受け継ぎ、優生手術（精管や卵管の切除手術などによって生殖能力を失わせる医的侵襲行為）を認めるもので、未成年者や、精神的な疾病や障がいのある人に対しては、「疾患の遺伝の防止」「公益上の必要性」という観点から、本人の同意がなくとも手術が行える、としていたのです。「優生思想と優生手術」と「らい排除と断種手術」は、社会防衛思想に基づくという点で、同根のものです。社会防衛とは、「危険な因子を有する者（集団）から、国家-社会を守る」ということであり、そうだとみなされた人の人権は踏みにじられ、権利や自由が奪われることです。

　癩予防法は、1953（昭和28）年、「らい予防法」に変わりました。しかし、有病者の「絶対隔離」（強制入所・外出制限）を容認するものでした。同法6条は、国立療養所への入所について、以下のように規定していたのです。

> 6条1項　都道府県知事は、らいを伝染させるおそれがある患者について、らい予防上必要があると認めるときは、当該患者又はその保護者に対し、国が設置するらい療養所（以下「国立療養所」という。）に入所し、又は入所させるように勧奨することができる。
> 　2項　都道府県知事は、前項の勧奨を受けた者がその勧奨に応じないときは、患者又はその保護者に対し、期限を定めて、国立療養

所に入所し、又は入所させることを命ずることができる。

また、同法15条は、外出の制限についても、以下のように規定していました。

15条１項　入所患者は、左の各号に掲げる場合を除いては、国立療養所から外出してはならない。
　一　親族の危篤、死亡、り災その他特別の事情がある場合であつて、所長が、らい予防上重大な支障を来たすおそれがないと認めて許可したとき。
　二　法令により国立療養所外に出頭を要する場合であつて、所長が、らい予防上重大な支障を来たすおそれがないと認めたとき。
２項　所長は、前項第１号の許可をする場合には、外出の期間を定めなければならない。
３項　所長は、第１項各号に掲げる場合には、入所患者の外出につき、らい予防上必要な措置を講じ、且つ、当該患者から求められたときは、厚生省令で定める証明書を交付しなければならない。

6　人権回復へむけて

優生保護法は、1996（平成８）年、「母体保護法」へと変更されました。ようやく、優生思想（「不良な子孫の出生の防止」）に基づく諸規定が削除されたのです。

同年、らい予防法も廃止されました。絶対隔離からの解放が、ようやく、実現しました。

2008（平成20）年、「ハンセン病問題の解決の促進に関する法律」が成立し、2009年４月より施行されています。同法は、国および地方自治体の責務を明記し、国立ハンセン病資料館の設置や、ハンセン病対策の歴史に関する正しい知識の普及啓発について規定します。

同法前文の一節は、つぎのように述べています。

「らい予防法」を中心とする国の隔離政策により、ハンセン病の患者で
あった者等が地域社会において平穏に生活することを妨げられ、身体及び
財産に係る被害その他社会生活全般にわたる人権上の制限、差別等を受け
たことについて、平成13年6月、我々は悔悟と反省の念を込めて深刻に受
け止め、深くお詫びするとともに、「ハンセン病療養所入所者等に対する
補償金の支給等に関する法律」を制定し、その精神的苦痛の慰謝並びに名
誉の回復及び福祉の増進を図り、あわせて、死没者に対する追悼の意を表
することとした。…ここに、ハンセン病の患者であった者等及びその家族
の福祉の増進、名誉の回復等のための措置を講ずることにより、ハンセン
病問題の解決の促進を図るため、この法律を制定する。

　2019（令和元）年、「ハンセン病元患者家族に対する補償金の支給等に関す
る法律」が制定されました（同年11月22日公布・施行）。同法は、ハンセン病
への誤った国の政策によって偏見と差別のなかに放り込まれてしまった元患者
の家族に対して、国が名誉回復に取り組むとともに、補償金を支払うとする法
律です。元患者の親や子、配偶者には180万円、兄弟姉妹、同居の孫やめい・
おいには130万円が、請求に基づき補償金として支払われるものです。
　裁判にも注目しておきましょう。「ハンセン病訴訟熊本地裁判決」（2001年5
月11日）です。この判決で確定しています。原告は700名超でした。判決は、
隔離政策の違法性、また、「らい予防法」を廃止しなかったことの違法性を認
定して、国に対し、総額18億円あまりの賠償を命じました。
　「ハンセン病家族訴訟熊本地裁判決」（2019年6月28日）もあります。原告は
541名でした。この判決も確定しています。判決は、隔離政策が患者家族の差
別被害を引き起こしたと認定し、国の「立法不作為」も認定しました（1960年
には、国会としてらい予防法を廃止する義務があったにもかかわらず、それを
しなかったと）。そして、国の責任を認め、計約3億7000万円の損害賠償を命
じました。

| 7 | ハンセン病問題から学ぶべきこと |

　第一に、"法や政策自体がときとして、加害の意味をもつ"ということです。ですから、私たちは、主権者として、また有権者のひとりとして、「国家権力」（立法・行政・司法）のあり方について、批判的精神をもって臨み、監視し、主張を発信し、連帯し、行動していく必要があります。

　第二は、"公衆衛生はときに、人権を侵害する"ということです。公衆衛生は社会防衛と同化し、感染者〔患者〕から国家-社会を守るという方向・内実で機能することがあります。「社会安全の確保・維持」が強調されるとき、だれが、どのような目的で、いかなる手法でという点に警戒感をもって理解を深めていく必要があります。「公の秩序及び公衆の衛生を害するおそれ」という大きな網（アミ）で、強権的に、個人の自由や幸福追求権に制限をかけることに正当性（目的とその達成のための手段―手続き面においても―）があるのかどうかを、厳しく問うていく必要があります。

　第三は、「社会的関係において差別されない」（憲法14条１項）の意味をかみしめ、私たちの"内なる加害者性"―差別する側への転位可能性―を見つめつづけていく必要がある、ということです。「あなた―わたし」という関係性（社会的関係）は、環境と条件しだいでは、「排除、偏狭、圧迫」にも転回するし、逆に、「包含、受容、自由（自己決定）尊重」へも変容していくものです。

　「被差別・被排除の実態の基底から、そしてそこに焦点化させて」―このような姿勢と視点から、「差別と人権」をとらえていきたいと考えます。

▶▶▶ **参考文献**（刊行年順）
・神美知宏・藤野豊・牧野正直『知っていますか？ハンセン病と人権　一問一答〔第３版〕』解放出版社、2005
・畑谷史代『差別とハンセン病　「柊の垣根」は今も』平凡社新書、平凡社、2006
・伊波敏男『ハンセン病を生きて―きみたちに伝えたいこと―』岩波ジュニア新書、岩波書店、2007

第 10 講

「高齢期」と人権

—— 「人間の安全保障」という視点から

高齢者ではなく、高齢期を生きるということ

　少子高齢社会のなかにある日本では、高齢期を生きる人の人権擁護のあり方が、理念としても具体的な政策としても、厳しく問われています。「高齢化率」（人口に占める65歳以上の割合）は、2018年度28.1％。2050年度36％と予測されています。もっと早いスピードで進むことも考えられます。介護を必要とする人も年々増加しており、厚生労働省の調査によると、75歳以上の５人に１人が要介護という結果も出ています（「介護保険事業状況報告」（平成26［2014］年度版）。日本だけでなく、高齢化は福祉資本主義国にとっての共通の政策課題となっています。

　高齢社会対策基本法（1995年制定）の前文の一節は、「我が国は、国民のたゆまぬ努力により、かつてない経済的繁栄を築き上げるとともに、人類の願望である長寿を享受できる社会を実現しつつある。今後、長寿をすべての国民が喜びの中で迎え、高齢者が安心して暮らすことのできる社会の形成が望まれる。……」と、述べます。

　高齢期を生きる人にとって、「安心して暮らすことのできる社会の形成」とは、いったい、どのような意味や内容をもつものなのでしょうか。貧困（低所得）、社会的孤立（無縁社会）、疾病（慢性化）、障がいという何重もの困難が重なってくる―そうしたリスクがある―のが、高齢化です。高齢化ということ（そこから生じる生活問題）が「差別」につながったり、財政ひっ迫を理由とする"過重な"自己負担増が、政策的に安易に重ねられていくことはあってはなりません。

　現在、年金・労働・医療・ケア・住宅などのいずれの生活部面をとっても、「尊厳のある高齢化」を支えるという方向から、離脱しつつあるようにみえます（自助・自立や"予防の自己責任"に誘導されて）。

　ここでは、「高齢期」と人権という問題について、「人間の安全保障」という視点からとらえていきたいと考えます。それがまた、「安心して暮らすことのできる社会の形成」につながっていきます。

　ちなみに、政策的には、65〜74歳が「前期高齢者」、75歳以上が「後期高齢者」とされています。しかし、「高齢者」という名の人はいません。もちろん、「老人」という名の人もいません。そこで、本講では、「高齢者」と一括りにし

ないで、「高齢期を生きる人」という表現で進めていきたいと考えます。ですから、タイトルも、高齢者と人権ではなく、「高齢期」と人権、としています。

2	高齢者のための国連原則 ── 人生を刻む年月に活力を加えるために

この「国連原則」[*1]は、1991年、国連総会において採択されたものです。高齢化への歩み、その歴史を刻む人生の一段一段の年月の積み重ねに活力を加えていくとは、その人の乳幼児期から連続して高齢期の現在にいたるまで、ずっとつながっている、ということです。人間の一生涯を通して、「生まれる命」から「終える命」までを一環とし、そのなかで「高齢化」の意味をとらえようとするものです。

そして、この原則には、5つのキーワードが提示されています。「自立」「参加」「ケア」「自己実現」「尊厳」です。

国連原則の5つのキーワードを普及させ促進（定着）させていくために、1999年、国際高齢者年が設定されました。国際高齢者年のスローガンは、「すべての世代のための社会をめざして」（Towards a society for all ages）です。人生の高齢化にむかう生活保障のあり方が、すべての世代につながっていくという理解です。「高齢者」という "縦割りの" 領域に閉じ込めるという考え方から脱却しています。5つのキーワードは、すべての世代にとって必要不可欠な人権擁護としての価値ですが、高齢期にはとくに、ということです。

少し長くなりますが、重要な「国連原則」であると考えるので、紹介しておきます。

自立（independence）
高齢者は、
収入や家族・共同体の支援及び自助努力を通じて十分な食糧、水、住居、衣服、医療へのアクセスを得るべきである。

＊1　高齢者のための国連原則（5つのキーワード）については、例えば、福祉小六法編集委員会編『福祉小六法　2020年版』みらい、2020、578ページを参照のこと。

仕事、あるいは他の収入手段を得る機会を有するべきである。

退職時期の決定への参加が可能であるべきである。

適切な教育や職業訓練に参加する機会が与えられるべきである。

安全な環境に住むことができるべきである。

可能な限り長く自宅に住むことができるべきである。

参加（participation）

高齢者は、

社会の一員として、自己に直接影響を及ぼすような政策の決定に積極的に参加し、若年世代と自己の経験と知識を分かち合うべきである。

自己の趣味と能力に合致したボランティアとして共同体へ奉仕する機会を求めることができるべきである。

高齢者の集会や運動を組織することができるべきである。

ケア（care）

高齢者は、

家族及び共同体の介護と保護を享受できるべきである。

発病を防止あるいは延期し、肉体・精神の最適な状態でいられるための医療を受ける機会が与えられるべきである。

自主性、保護及び介護を発展させるための社会的及び法律的サービスへのアクセスを得るべきである。

思いやりがあり、かつ、安全な環境で、保護、リハビリテーション、社会的及び精神的刺激を得られる施設を利用することができるべきである。

いかなる場所に住み、あるいはいかなる状態であろうとも、自己の尊厳、信念、要求、プライバシー及び、自己の介護と生活の質を決定する権利に対する尊重を含む基本的人権や自由を享受することができるべきである。

自己実現（self-fulfilment）

高齢者は、

自己の可能性を発展させる機会を追求できるべきである。

社会の教育的・文化的・精神的・娯楽的資源を利用することができるべきである。

尊厳（dignity）

高齢者は、

尊厳及び保障を持って、肉体的・精神的虐待から解放された生活を送ることができるべきである。

年齢、性別、人種、民族的背景、障害等に関わらず公平に扱われ、自己の経済的貢献に関わらず尊重されるべきである。

3　高齢者虐待防止法による「虐待」の定義

　高齢者虐待防止法という法律があります。正式名称は、「高齢者虐待の防止、高齢者の養護者に対する支援等に関する法律」（2005年11月成立、2006年4月施行）です。

　虐待の加害者について、同法2条は、養護者（高齢者［65歳以上］）を現に養護する者及び養介護施設従事者等とします。

　虐待行為については、同法2条4項1号・2号、また5項が、次のように、規定します。

イ　高齢者の身体に外傷が生じ、又は生じるおそれのある暴行を加えること。（身体的虐待…筆者注）

ロ　高齢者を衰弱させるような著しい減食又は長時間の放置、養護者以外の同居人によるイ、ハ又はニに掲げる行為と同様の行為の放置等養護を著しく怠ること。（介護・世話の放棄・放任…筆者注）

ハ　高齢者に対する著しい暴言又は著しく拒絶的な対応その他の高齢者に著しい心理的外傷を与える言動を行うこと。（心理的虐待…筆者注）

ニ　高齢者にわいせつな行為をすること又は高齢者をしてわいせつな行為をさせること。（性的虐待…筆者注）

ホ　高齢者の財産を不当に処分することその他当該高齢者から不当に財産上の利益を得ること。（経済的虐待…筆者注）

75

この他、早期発見（同法5条）、市町村への通報の義務（同法7条）、市町村職員の高齢者の住まいへの立入調査権（同法11条）、警察署長に対する援助要請等（同法12条）についての定めがあります。

　市町村長の権限についても、被害者保護のため虐待を受けた高齢者を養護老人ホームや特別養護老人ホームに措置入所させることができる（同法10条）、虐待をした養護者との面会を制限することができる（同法13条）、成年後見開始など審判の申し立てをすることができる（法27条）、と規定しています。

4　虐待は、なぜ起こるのか

　2019年度、虐待は、養護者（家族や親族など）によるもの年間1万6928件、養介護施設従事者等によるもの年間約644件と報告されています（令和元年度「高齢者虐待の防止、高齢者の養護者に対する支援等に関する法律」に基づく対応状況等に関する調査結果〈厚生労働省〉）。

　養護者による場合は、頼れる家族がいない孤独で責任重大な家庭内介護において、介護する者が心身の疲労の限界をむかえ、怒りや不満の感情を制御することが困難な状況となり、虐待を行ってしまう「介護の孤立無援化」という現実があります。

　介護職の施設職員による場合は、人材不足（ギリギリの人員配置基準、離職者の慢性化）、過酷な勤務（長時間勤務・自分ひとりで何人もの要介護度の高い利用者をケアしなければならない重圧）、低位の賃金等が背景にあり、そうした心身の負担感のなかで殴る・蹴るという虐待を行ってしまうという、厳しい現実があります。

　個人の資質や、施設の体質だけに原因があるわけではありません。「介護の社会化」の政策として展開されている介護保険法をめぐる制度運用に根本的な原因があります。介護サービスを提供する側にも利用する側にも、安全（safety）・安定（steady）・充足（satisfy）が確保されるような環境づくりや条件の整備・向上が、つよく求められています。社会保険方式から税方式による「介護保障」への転換も視野に入れた、高齢期ケア政策の抜本的な検討の必要があるといえるでしょう。

5 「人間の安全保障」（human security）とは

　「人間の安全保障」という考え方は、1994年、国連機関である国連開発計画（UNDP）の『人間開発報告書』において提起され、国際開発の目標として掲げられたものです。「国家の安全保障」（national security）は、軍事面の必要を強調し、軍事力に基づいて国家の安全を確保するという仕組み・体制のことです。それよりも、「人間の安全保障」には、生活部面を侵害するような脅威から個々人の生存・生活・尊厳を守るという、人権保障としての安全を重視するものです。飢餓・麻薬・新型コロナ等の感染症・テロリズム（不寛容と分断）・環境破壊（地球温暖化）・貧困などの脅威は、現在、先進国か途上国かを問わず、全世界の国民を巻き込む"凄まじさ"をもって、各国の政府と国民に対して深刻な課題を突きつけています。

　ですから、人間の安全保障は、人間にとっての基本の、「恐怖からの自由」「欠乏からの自由」「尊厳をもって生きる自由」―それぞれの「普遍性」と「相互連関性」に着目し、その向上や増進をめざすものです。

6 「安心して暮らすことのできる社会の形成」への視点

　第1講でも触れましたが、憲法前文の一節、「われらは、全世界の国民が、ひとしく恐怖と欠乏から免かれ、平和のうちに生存する権利を有することを確認する。」という部分の重要性を、ここにおいても強調しておきたいと考えます。

　「平和的生存権」の現在的な展開は、戦争がない状態のなかで生きる権利としてだけではなく、もっと積極的に、「生命権、自由権を脅かすような恐怖や欠乏から自由になり、人間の尊厳をもった個人として扱われ、また自らも、そのような個人として生き、幸福を追い求めていく権利」として、発展的な伸張が必要とされています。

　虐待への対応をふくめて、「高齢期」の人権保障は、狭い社会福祉領域としての―政策対象としての―高齢者福祉あるいは介護福祉としてだけではなく、もっと大きく、「人間の安全保障」の一環として、位置づけられる必要がある

と考えます。

　「安心して暮らすことのできる社会の形成」は、「人間の安全保障」とイコール（＝）です。国連原則の自立・参加・ケア・自己実現・尊厳の５つのキーワードは、人間の安全保障の目的であり、また同時に、その実現のための手段（方法）でもあり、これらへの取り組みこそが、「安心して暮らすことのできる社会の形成」へのプロセスともなっているのです。

▶▶▶ **参考文献** （刊行年順）

・日本語版監修　横田洋三・吾郷眞一・北谷勝秀・UNDP東京事務所『UNDP人間開発報告書2000　人権と人間開発 （日本語版)』国際協力出版社、2000

・井上英夫著/日本高齢者NGO会議協力『高齢化への人類の挑戦—国連・高齢化国際行動計画2002』萌文社、2003

・伊藤周平『社会保障入門』ちくま新書、筑摩書房、2018

第11講

「自立」と人権

—— 福祉において「自立」が強調されると…

1 「自立」のイメージとは

　「自立」ということばから、どのようなイメージをもたれるでしょうか。経済的自立、職業的自立、精神的自立、生活的自立…等々が、あります。

　「自分の足で立って、自らの人生を歩んでいくこと」「あまり人に頼らずに、自分の力で生きること」「自分のことは、自らによって、自分で行うこと」─自立は「自助」と同じ、といってもいいでしょう。

　しかし、自助・自立が強調されるとき、それは、「なんだかんだいっても、最後は自分で決めたのだから、自分で責任をとりなさい」という自己責任論とセットとされてしまうことに、十分、注意をはらう必要があります。

　そして、自助・自立が、他人事として無関心や放置にさらされてしまうと、〈困難をかかえた自立〉は追い詰められ、生命・生存の危機に直面してしまうことになるのです（どうして、わたしだけ、こんな目にあうのだろう…）。

　「あなたなら、もっとがんばれる。」との“善意の”叱咤激励が、自立を強制に向かわせることもあるのです（〈強制された自立〉）。

　何ともならない状況のなかで、諦観（仕方がない、あきらめるしか…）だけが重層化し、しだいに、「生きる意欲や力」を剥いでいくことになります。

　自助・自立が困難なとき、その〈弱さ〉は、恥ずべきことなのでしょうか。「助けて」を求めることは、はたして、〈敗北〉に当たるのでしょうか。

　このような問題意識から、本講のテーマを、「自立」と人権、としてみました。

2 自立の意味 ─憲法13条との関連で

　憲法13条の「…生命権・自由権・幸福追求権については、…最大の尊重を必要とする。」ということの趣旨は、そして、このときの「最大の尊重の必要」とは、自助・自立にとって何でもないときには、「放っておかれる自由」（入ってこないで）の最大の保障ということです。しかしその逆、生命・自由の、「人間として生きる」最低限が危機に直面しているときは、「守られる安全」（「助けて」に応えるもの）として機能する、ということなのです。

80

「だれが、何を、するのか」という問題ですが、立法（法律をつくる国会）はじめ国政が、国民の生命権・自由権・幸福追求権を最大に尊重する、ということになります。

3　自立の意味 — 憲法25条との関連で

憲法25条は、「生存権とその保障における国家責任の明確化」について、規定するものです。自助や自立の「前提として」、国には国民最低限の（＝健康で文化的な生活水準を維持できるようなレベルの）生活条件や生活環境を整える政策実施「義務」がある、ということです。

政策実施義務とは、立法面・行政面・財政面（税金を生存権保障のために使うこと）における国家責任、ということです。

生活困窮〈困難をかかえた自立〉を、けっして、諦観（仕方がない、あきらめるしか…）のなかに放置することではありませんし、自己責任に帰せさせることでもありません。「助けて」への応答として、国には政策実施責任が求められるということなのです。

4　自立の意味 — 憲法14条１項との関連で

憲法14条１項の「法の下の平等＝差別の禁止」規定については、何回も強調しているように、大事なところは、「すべて国民は、…社会的関係において、差別されない」という部分です。

「諦観のなかでの〈強いられた〉自立」は、人たるに値する生活の最低限度を維持する権利を侵害することにつながります。それは、すなわち、社会的忘却（無関心）、孤立、社会的排除、孤独死という状況をまねくということでもあり、〈社会的関係における差別〉の結果、ともいえるものです。

　戦後における社会保障・社会福祉の政策的な流れを大きくとらえると、国権から人権へ、そして現在、人権から〈契約利用型の権利〉へ、との変容と表現することができるでしょう。

　現在の福祉政策は、第一に「自助」、次に「共助」（地域住民による支え合い）、最後に「公助」（国家責任・公的責任）としての役割が登場する、という順です。公助の縮減の分を、「自助を第一に、共助と分担し合って」とでもするかのようです。自助の部分は、同居や近居による私的扶養の限界ということもあり、福祉サービス提供者との〈契約利用〉として、受益者負担で、必要なサービスを購入してくださいとする「福祉の市場化」「福祉の有料化」へと巻き込まれつつあります。

　「自立への支援」は―その自立のゴールは―、「就労」（市場原理に適用できるように・耐えうるように）にあります。こうした"行程"から、外れていくとき、〈自立困難…自立する意思がない〉とみなされ、しだいに、社会的に排除されていくことになります。その結果、貧困、不平等〈格差〉、暴力、虐待、孤立、自死などが、引き起こされることになるのです。

　まさに、いま、「困難をかかえたなかでの〈強いられた〉自立」と差別の問題として、生活保護受給世帯の増加、ひとり親世帯の生活困窮（とくに母と子の家庭生活―貧困の女性化）、子どもの貧困（2020年現在、日本では7人に1人の子どもが貧困状態にあるといわれています）など課題が、深刻に顕在化してきています。

　社会保障制度改革推進法という法律が存在します（2012年8月22日公布、同日施行）。先にも指摘したとおり、「自助→共助→公助」という順で文言が出されてきています。さらに、自立について、私的扶養が困難になっている今日的状況があるにもかかわらず、「家族相互の助け合いの仕組みを通じてその実現

を」と、述べられているのです。

社会保障制度改革推進法2条（基本的な考え方）

社会保障制度改革は、次に掲げる事項を基本として行われるものとする。
一　自助、共助及び公助が最も適切に組み合わされるよう留意しつつ、国民が自立した生活を営むことができるよう、家族相互及び国民相互の助け合いの仕組みを通じてその実現を支援していくこと。
二　社会保障の機能の充実と給付の重点化及び制度の運営の効率化とを同時に行い、税金や社会保険料を納付する者の立場に立って、負担の増大を抑制しつつ、持続可能な制度を実現すること。
三　年金、医療及び介護においては、社会保険制度を基本とし、国及び地方公共団体の負担は、社会保険料に係る国民の負担の適正化に充てることを基本とすること。
四　国民が広く受益する社会保障に係る費用をあらゆる世代が広く公平に分かち合う観点等から、社会保障給付に要する費用に係る国及び地方公共団体の負担の主要な財源には、消費税及び地方消費税の収入を充てるものとすること。

7　「自立」をめぐる法政策的な根拠〈その2〉 ― 社会保障プログラム法

　社会保障プログラム法という法律もあります。この法律の正式名称は、「持続可能な社会保障制度の確立を図るための改革の推進に関する法律」（2013年12月13日公布、同日施行）です。「住民相互の助け合いの重要性を認識し」というように、「共助」が強調されています。さらに、政府の役割は、憲法25条の「生存権とその保障における国家責任の明確化」ではなく、「自助・自立のための環境整備等の推進を図る」とされているのです。生存権保障のための国の直接的責任がたくみに"回避"され、環境整備という〈後方支援〉に徹するかのような"変貌ぶり"です。

社会保障プログラム法2条

1項　政府は、人口の高齢化が急速に進展する中で、活力ある社会を実現
　　するためにも、健康寿命の延伸により長寿を実現することが重要である
　　ことに鑑み、社会保障制度改革を推進するとともに、個人がその自助努
　　力を喚起される仕組み及び個人が多様なサービスを選択することができ
　　る仕組みの導入その他の高齢者も若者も、健康で年齢等にかかわりなく
　　働くことができ、持てる力を最大限に発揮して生きることができる環境
　　の整備等（次項において「自助・自立のための環境整備等」という。)
　　に努めるものとする。

2項　政府は、住民相互の助け合いの重要性を認識し、自助・自立のため
　　の環境整備等の推進を図るものとする。

　社会保障制度改革推進法および社会保障プログラム法は、総じて、「自助法」
といえるでしょう。現在、こうした自助法をふくんで、福祉改変法体系（生存
権保障を中心とする憲法体系からの“離脱”）が形成されつつあり、着実に、
日常生活へその影響が及んできています。

　ここに、リチャード・M・ティトマス（1907—1973年：イギリスの社会学者・
社会政策学者）の、じつに鋭い指摘を紹介しておきます。

「…社会福祉制度を確立すれば必然的にヒューマニズムの普及と社会的不正の
　解決に寄与するということが仮定されている。しかし実はまさにその反対で
　ある。一つの制度的手段にすぎぬ福祉制度はいろいろな主人に仕えることが
　できる。その名前によってアピールしながら、多くの罪を犯すことさえある。
　福祉制度は、少数者に利益を与えて間接的に不平等を助長するところの経済
　成長のたんなる道具として用いられもする。…」[1]

＊1　リチャード・M・ティトマス／浜井修・訳「社会福祉と供与の方法」エーリッヒ・フロム
　　編／城塚登・監訳『社会主義ヒューマニズム（下）』紀伊國屋書店、1967、162ページよ
　　り引用。

8 「関係的自立」の重要性

　自立（自助）にとって必要なことは、「公助」を前提として、また「共助」を十分に意識するなかで、「関係的自立」を指向し、人とつながっていくこと・社会とつながっていくことだと考えます。こうした関係性のなかで、「健康で文化的な生活を営んでいくこと」——これが福祉——ではないでしょうか。

　〈できない自分〉や〈弱い自分〉があるからこそ、公的部門や他者に「頼ることができる」のです。「ありがとう。おたがいさま（よかったですね）」の関係のなかで、「自立」の意味をとらえていくことが重要です。

　「助けて」は、けっして〈恥〉ではなく、「関係的自立」のなかにはじめから組み込まれている「応援要請」といえるでしょう。「要請」に対しては人権保障としても、また、権利擁護（利益確保）としても応えていくことになります（「公助」を第一に、そして「共助」もふくんだ内容として）。これが「人権擁護」です。

▶▶▶ **参考文献**（刊行年順）
・奥田知志・茂木健一郎『「助けて」と言える国へ—人と社会をつなぐ』集英社新書、集英社、2013
・宇都宮健児『自己責任論の嘘』ベスト新書、KKベストセラーズ、2014
・大山典宏『隠された貧困〜生活保護で救われる人たち〜』扶桑社新書、扶桑社、2014
・下野新聞・子どもの希望取材班『貧困の中の子ども　希望って何ですか』ポプラ新書、ポプラ社、2015

第12講

「異国籍」と人権

—— 「国籍のちがいを理由とした差別」問題

1 増加しつづける難民および移民

　武力紛争、貧困、食糧不安、迫害、テロリズム、人権侵害や虐待、気候変動の悪影響、自然災害などの理由によって—いくつもその理由が重なり—、いのちがけで国境を越え、異国での生活に活路を見出そうする越境移住者が1990年以降、増加しつづけています。国連によると、2019年には約２億7200万人が祖国を離れた、と報告されています。

　越境移住者は「難民」と「移民」に大別されます。難民には、「難民の地位に関する条約」（1951年：通称「難民条約」）という国際人権法が存在しています。

　同条約１条は、難民について、「人種、宗教、国籍もしくは特定の社会的集団の構成員であることまたは政治的意見を理由に迫害を受けるおそれがあるという十分に理由のある恐怖を有するために、国籍国の外にいる者であって、その国籍国の保護を受けることができない者またはそのような恐怖を有するためにその国籍国の保護を受けることを望まない者」と、定義しています。その者を難民として認定し受け入れた国には、保護することが義務づけられています。

　一方、移民には現在、その保護を明確にするような定めはありません。在留資格未取得、低賃金、失業、劣悪な労働環境（非人間的取扱い・過酷な肉体労働）のなかに放り込まれてしまうことになります。悪質なブローカーや派遣事業者の存在と暗躍も、大きいものがあります。安価な人材を確保したいとする国内業者、移民希望の本人、その間を取りもつのがブローカーや派遣事業者です。偽造パスポートの入手、到着後の手配、ときに移民への金銭の貸しつけも行われます。移民から搾取しながら、不法な出入国を仕事とし、その取り引きから莫大な利益を上げるのです。技能実習生や留学生、観光名目の来日異国籍の人の失踪や「不法」就労の実態の背景には、生存するための"差し迫った"厳しい現実があるのです。

　今日、難民と移民の類別は困難になりつつあります。「国籍のちがいを理由とした差別」が、深刻に、不気味に日本国において進行しています。

　本講では、外国人という表現は用いません。国内・外国を二分し、「不寛容と分断」を呼び込むような危険性を感じるからです。また、国内において、あるいはその地域にあって、異国籍—多様な国籍—の人たちも、しだいに増えて

88

きています。外国人という「内か、外か」という見方を転換し、「日本国籍ではない」という事実だけに着目し、その意味で、「異国籍（の人たち）」としたいと考えます。また「不法―」ということばも、使いません。「不法滞留（在）」イコール（＝）犯罪をする（そのおそれがある）という誤ったイメージをつよく与えるものだからです。「在留資格が未だ取得されていない状態にある」ということで、在留資格未取得で滞在する異国籍の人（在留資格未取得異国籍者）という理解で、進めていきたいと考えます。

　このような視点への転換の必要は、また、「何人も、外国に移住し、又は国籍を離脱する自由を侵されない。」（憲法22条２項）という規定からの要請でもある、といえるでしょう。

2　日本における「難民」の状況

　日本の「難民条約」加入は1981年、翌1982年に発効しました。2019年、日本に保護を求めて海外から逃げてきた人は１万375人、そのうち日本政府によって難民認定を受けて保護された人は44人、人道的な配慮の必要から、日本での滞在が認められた人は、わずか37名です。日本の難民受け入れ数は、依然として、少ないままです。難民認定を受けると、基本的には「定住者」として、５年間の在留資格が与えられます（―その後、法律上の要件を満たすと「永住」の許可を得ることができます）。在留資格があると、生活保護の申請、就労や定住に関する支援など、さまざまな権利が国によって付与されます。本国に"送り返される"心配もなくなり、安心して日本での生活を送ることができるようになります。

　しかし、逆に、認定を受けることができないと、日本国外への追放という措置がとられることになります。国際法上のルールでは、生命や自由が脅威にさらされるような国へ強制的に追放したり送還することは、禁じられています。「ノン・ルフールマンの原則」（non-refoulement principle）といいます。難民条約33条１項も、「締約国は、難民を、いかなる方法によっても、人種、宗教、国籍もしくは特定の社会的集団の構成員であることまたは政治的意見のためにその生命または自由が脅威にさらされるおそれのある領域の国境へ追放しまた

は送還してはならない。」と、規定します。

　日本に逃がれてきた人たち—真に助けを必要とする人たち—を追い払うという対応は、露骨な「国籍のちがいを理由とした差別」に当たるものです。第10講の「人間の安全保障」という観点からも、許されることではありません。政府には、厳格すぎる資格要件を緩和し、認定の方向にかじをきり、助けを求めている異国籍の人を保護する義務があります。

3 　強制収容 — 人身の自由をうばう"入管行政"

　日本に住む異国籍の人は、在留資格を取得して生活しています。この資格を審査し、可否を判断する行政機関（法務省）が、「出入国在留管理庁」（通称：入管庁）です。入管庁は、その行政権限によって、オーバーステイ（在留許可期限をこえた滞在）や在留資格未取得の異国籍者の人たちを全国 9 か所以上の施設に収容しています。

　今日、在留資格を失った（失っている）、在留資格未取得の異国籍の人たちが入国管理局の施設（入国者収容所、地方入管局の収容場）に長期間にわたって「収容」されつづけるという深刻な人権侵害状況が生じています。収容される期限も不明確なまま、ときに数年間に及ぶこともあり、亡くなる人（自死）も出てきています。仮放免の申請を何回しても認められないというケースも珍しくありません。適正手続きに基づく裁判所の判決によるものではなく、入国管理局の裁量に委ねられ、行われているのです。現在のこのような仕組みは、日本国憲法が保障する「人身の自由」、とりわけ「奴隷的拘束及び苦役の禁止」（18条）や、「法定手続の保障」（31条）に背反する要素—違憲の疑い—が濃厚です。たんに超過滞在ということであれば、何らかの方法によって在留資格を認め、「正規」滞在者として位置づけるという施策への転換が、つよく求められています。

　人権を無視するかのような"長期収容"、また技能実習生の置かれている状態—劣悪で債務労働型の状況—は、国連においても問題とされ（国連の人種差別撤廃委員会）、2020年 9 月、国際人権法に違反しているとの報告書が日本政府に提出されました。

　なお、2021年2月19日、出入国管理法の改正案が閣議決定されました。強制退去処分を受けた異国籍の人の施設収容が長期化している問題の解消がねらいとされています。改正案のポイントは大きく3点あります。①早期の退去を促すために、難民認定申請中の送還停止規定の適用を2回までに制限します。退去命令に応じなければ罰則が科されることもあります。速やかな退去に応じると、再入国拒否期間が5年から1年に短縮されるというものです。②収容の長期化を防止するために、「監理措置」を導入し、施設外での生活を可能にします。親族や支援団体が「監理人」として監督し、生活状況の報告等の義務を負います。逃亡への罰則は1年以下の懲役か20万円以下の罰金、または併科というものです。③保護が必要な人の適正な受け入れのために、紛争避難民を難民に準じる「補完的保護対象者」として位置づけます。「定住者」の資格で在留を認めるしくみを新たに創設するというものです。

　出入国管理法の改正が、現況の「改善」につながるかどうか、立法過程および法運用へのさらなる注視が必要です。

4　在留資格未取得の異国籍の人たちと生活保護

　地方自治体は従来、医療費を払うことのできない在留資格未取得の異国籍の患者に生活保護（医療扶助）を準用し、病院に医療費を払うという対応をとってきました。しかし、厚生省（当時）は、「そうした保障の仕方は不法滞在を助長、容認することになる」として、1990年10月、定住外国人を除き外国人に生活保護をいっさい準用しないように、と全国に指示しました（「外国人に対する生活保護上の取り扱いについて」）。生活保護（医療扶助）の準用が否定されたため、自治体もその人を治療した医療機関に医療費を払うことが難しくなりました。在留資格未取得の異国籍の人たちへの診療を回避しようとする医療機関も増加し、この人たちの「医療を受ける権利」は大幅に制約され、いのちの危機に直面することになりました。

　現在、厚生労働省は、「在留資格が切れる前に在留資格の取得の申請をしていれば、在留資格が無くても生活保護準用の協議対象とする」と、見解の変更を行っています。東京都は、「日本人の子、日本人に認知された子を養育して

いる等、在留資格取得の可能性が高いと判断されること、在留資格の取得申請をしていること、または取得申請を準備していること」という条件を満たす「在留資格未取得の異国籍の人たち」に、例外的に生活保護を準用するという態度を示しました。

　東京都では現在、生活保護が準用され、医療費は生活保護によって、申請前の医療費の分については「外国人未払医療費補てん制度」でまかなうという方式がとられています。外国人未払医療費補てん制度とは、「外国人未払医療費に係る医療機関の負担の軽減を図るとともに、外国人の不慮の傷病に対応する緊急的な医療の確保を目的」とするものです（慢性疾患は特に緊急性を要した場合に限る）。補てん金の支払対象は、医療機関であって、患者本人ではありません。

5　在留資格未取得の異国籍の人たちへの人権視点を

　「在留資格外で、勝手に国内に滞在しているのだから、どうなろうとそれはあなたたち本人の自己責任で」として、いいのでしょうか。社会の表に現れにくい、孤立した、無権利状態のなかに放置されているのです。国際的な人身取引として日本に送り出され、強制的に性売買のなかに放り込まれてしまう女性（未成年者）たちもいます。いのちや健康の尊さに、日本国籍も異国籍も関係ありません。人間である以上、だれにとっても、どこにいても、どんな場合においても、最低限の「人間としての尊厳」は、貫徹されるべきものです。いのちの危険にさらされ、ギリギリの医療や保護を必要としている人がいても、"見て見ぬふり"を通そうとするのであれば、それはもはや、「多文化共生社会」を掲げる人権国家（人権を守るという政府）でも、人権尊重社会でも、まったくないといえます。端的に、それは「棄民国家-社会」です。

6 「ヘイトスピーチ規制」の意味

　特定の民族や国籍の人々への差別や排除をあおるような差別的言動は、はたして、容認されるものなのでしょうか。この問題に対しては、憲法21条1項の「表現の自由」がその根拠として引き合いに出されますが、筆者は"次元がちがう"と考えており、差別的言動への規制には正当性がある、と判断します。「表現の自由」は、権力を批判する自由にこそ、源泉があります。その手をひるがえし、あいまいな―きわめて主観的な―理由づけで、"特定した少数者"をねらう差別的言動を、表現の自由によって擁護することは、「社会的関係における差別」を助長するものです。「社会的関係における差別の禁止」（憲法14条1項）という観点からも、許されるものではありません。

　ヘイトスピーチ規制法という法律があります。正式名称は、「本邦外出身者に対する不当な差別的言動の解消に向けた取組の推進に関する法律」（2016年6月3日公布・施行）です。

　この法律は、「差別的言動」の定義を、「外国の出身者やその子孫に対する差別意識を助長する目的で、公然と生命、身体、自由、名誉、財産に危害を加えると告知し、著しく侮蔑するなど、地域社会から排除することを扇動する不当な差別的言動」としています（同法2条―条文の趣旨）。

　同法は、定義にあるような不当な差別的言動は許されないことを宣言し、国民に、「差別的言動の解消の必要性に対する理解を深めるよう努めること」を求めます（同法3条）。また、国および地方公共団体の責務を明らかにし、不当な差別的言動の解消にむけて、相談体制の整備や教育、啓発活動等を推進することについても規定します（同法4条、5～7条）。

　ヘイトスピーチ規制法を根拠に、各地方自治体においても、条例がつくられてきています。注目すべきは、全国で初めて罰則規定を盛り込んだ川崎市の条例です。「川崎市差別のない人権尊重のまちづくり条例」（2019年12月成立、2020年7月1日全面施行）がそれです。同条例は、特定の民族への差別や排除をあおるようなヘイトスピーチに、罰則を科します。市長の勧告や命令に従わず、拡声器を使う・看板を掲げる・ビラを配るという方法で差別的言動を繰り返した場合、刑事告発を経て、最高50万円の罰金を科するとするものです。

　特定の民族や国籍の人たちを排斥するような差別的言動は、人々に不安感や

嫌悪感を与えるだけにとどまりません。その人の「人間としての尊厳」を傷つけ、広く社会に差別意識を生じさせ、「憎悪-分裂-不寛容」の悪循環をまねくことになります。

　ヘイトスピーチは、自分という人間存在をふくめた「多文化共生社会」を否定する行為です。だからこそ、規制されることになるのです。

▶ ▶ ▶ **参考文献**（刊行年順）
・権五定（監修）・鷲山恭彦（監修）・李修京編著『多文化共生社会に生きる　グローバル時代の多様性・人権・教育』明石書店、2019
・近藤敦『多文化共生と人権　諸外国の「移民」と日本の「外国人」』明石書店、2019

第 **13** 講

「食事」と人権

—— 飢餓と、「食品廃棄」と…

1 国連世界食糧計画（WFP：World Food Programme）とは

　国連世界食糧計画とは、1961年、「飢餓のない世界」をめざして設立された国連の機関です。紛争地や被災地などで食糧支援の活動を行っています。約2万人の職員がおり、ほとんどが現場での支援に携わっています。

　現在、世界人口の約78億人のうち、その約1割が十分な食料や栄養を得られていないと推計されています。食糧不足が、人々のあいだに深刻な対立を生じさせ、紛争を引き起こし、その結果、飢餓がうまれるという悪循環がつづいています。国連世界食糧計画は必要最低限の食糧を届けるだけでなく、農家の生産力向上のための技術支援、また、学校給食の支援を通した子どもたちの学習環境の整備というような事業も展開しています。

　なお、国連世界食糧計画は、2020年、「ノーベル平和賞」を受賞しました。

2 「飢餓をゼロに」 — SDGsとしての課題

　SDGsについては第6講でも取り上げましたが、「飢餓をゼロに」は、持続可能な開発目標としての重要な、世界的課題のひとつです。具体的には、「飢餓に終止符を打ち、食料の安定確保と栄養状態の改善を達成し、持続可能な農業を推進する」というものです。

　現在、約7億9500万人が慢性的な栄養不良の状態にある、とみられています。また、9000万人を超える5歳未満児が低体重とのことです。アフリカでは今でも、4人に1人が深刻な飢餓状態にあると指摘されています。

3 「食事」の意味とその実際

　さて、それでは、日本社会の現況はどうでしょう。

　食事とは、「食（しょく）する事（こと）」です。すなわち、【食事】一人を

良くする事（こと）です。食事は、生命・身体維持にとって必要な栄養分の摂取として、また同時に、心の成長にとって必要な「食」を通じた他者とのコミュニケーション（交流）として、必要不可欠な人間生存の営みです。しかし、食生活の実態は、「孤食」（ひとりだけで食事を済ますこと）、「個食」（複数で食卓を囲んでいても、食べ物はそれぞれで異なっていること）、「短食」（飲むような食べ物〈食べ方〉によって瞬時に済ますこと）、「略食」（インスタント食品やレトルトパウチ食品が主で、料理するという行為を省略すること）が、かなり一般的になってきているといえます。

　もう一度、【食事】―人を良くする事（こと）―食品廃棄もふくめて―を問い直し、生活部面の重要なひとつ、「食生活を営むこと」についての、人権的・権利的な意味を深く考えてみる必要があるといえるでしょう。

4　生存権としての「食料への権利」

　憲法25条1項は、「すべて国民は、健康で文化的な最低限度の生活を営む権利を有する。」と、規定しています。「健康で文化的な最低限度の生活」の「生活」には、当然のことながら、食生活も組み込まれています。ですから、「生存権としての食生活」という問題を設定すると、そこから、「食料への権利」が外すことのできない人権擁護の課題として大きく浮かび上がってきます。

5　「食料への権利」の国際人権法的展開

　第一に、世界人権宣言（1948年）を挙げることができます。同宣言25条1項は、「すべて人は、衣食住、医療及び必要な社会的施設等により、自己及び家族の健康及び福祉に十分な生活水準を保持する権利並びに失業、疾病、心身障害、配偶者の死亡、老齢その他不可抗力による生活不能の場合は、保障を受ける権利を有する。」と、規定します。

　第二は、国際人権規約A規約（社会権規約：1979年）です。同条約11条1項

は、「この規約の締約国は、自己及びその家族のための相当な食糧、衣類及び住居を内容とする相当な生活水準についての並びに生活条件の不断の改善についてのすべての者の権利を認める。締約国は、この権利の実現を確保するために適当な措置をとり、このためには、自由な合意に基づく国際協力が極めて重要であることを認める。」とします。

第三は、児童の権利に関する条約（子どもの権利条約）です。同条約27条1項は、「締約国は、児童の身体的、精神的、道徳的及び社会的な発達のための相当な生活水準についてのすべての児童の権利を認める。」とし、つづく2項で、「父母又は児童について責任を有する他の者は、自己の能力及び資力の範囲内で、児童の発達に必要な生活条件を確保することについての第一義的な責任を有する。」とします。同3項は、「締約国は、国内事情に従い、かつ、その能力の範囲内で、1（1項のこと…筆者注）の権利の実現のため、父母及び児童について責任を有する他の者を援助するための適当な措置をとるものとし、また、必要な場合には、特に栄養、衣類及び住居に関して、物的援助及び支援計画を提供する。」と、規定します。

6 「食料への権利」の具体的内容

「食料への権利」については、特定非営利活動法人ハンガー・フリー・ワールドの整理が、明確です[*1]。ここに紹介しておきます。

- ・「食料への権利」とは、心も身体も健康に生きていくために必要な食料を自らの手で得られる権利
- ・「食料への権利」は、人間の尊厳を守るために必要なもっとも基本的な権利のひとつ
- ・「食料への権利」は、すべての人が生まれながらにもっている

[*1] 「食料への権利」については、特定非営利活動法人ハンガー・フリー・ワールド（HFW）のホームページより引用。2020年12月27日アクセス。

・「食料への権利」の実現に向けて大切な４つのこと
①食料があること（Availability）
②食料に経済的・物理的にアクセスできること（Accessibility）
③食料の量や質が適切であるということ（Adequacy）
④持続可能であること（Sustainability）

7　食品ロス（フードロス）と持続可能性 — 食品ロス削減推進法

　食品ロスとは、売れ残りや食べ残し、期限切れ食品など、本来は食べることができたはずの食品が廃棄される（捨て去られる）ことです。環境省によると、国内の「食品ロス」は2015年度で646万トン、このうち家庭からは289万トンが廃棄され、一人当たりに換算すると約23万トンとのことです。ちなみに、年間10万トントラック2.3台分を廃棄している計算になります。世界では年間、約13億トンの食料が廃棄されているとのことです。

　第14講とも密接につながりますが、人間に食されることなく、そのまま廃棄される食料は、「畜産動物」（肉・乳・卵などの生産物を利用するために飼育されている動物―牛・豚・馬・鶏・羊・やぎなど―）の"生命のかたち"なのです。人間側の都合や勝手で廃棄される、食料としての動物（その生命のかたち）なのです。もはや、放置は許されない段階にあります。食料の「持続可能性」という観点からも―SDGsの達成目標としても―、食品ロス削減は、実現させていかなければならない、最重要の課題のひとつとなっています。

　このような食品廃棄の深刻な事態を背景にして、「食品ロス削減推進法」が制定されました。法律の正式な名称は、「食品ロスの削減の推進に関する法律」（2019年５月31日公布、10月１日施行）です。

　同法の「前文」に、問題意識が凝縮されています。ここに、引いておきます。

「　我が国においては、まだ食べることができる食品が、生産、製造、販売、消費等の各段階において日常的に廃棄され、大量の食品ロスが発生している。食品ロスの問題については、2015年９月25日の国際連合総会にお

いて採択された持続可能な開発のための2030アジェンダにおいて言及されるなど、その削減が国際的にも重要な課題となっており、また、世界には栄養不足の状態にある人々が多数存在する中で、とりわけ、大量の食料を輸入し、食料の多くを輸入に依存している我が国として、真摯に取り組むべき課題である。

食品ロスを削減していくためには、国民各層がそれぞれの立場において主体的にこの課題に取り組み、社会全体として対応していくよう、食べ物を無駄にしない意識の醸成とその定着を図っていくことが重要である。また、まだ食べることができる食品については、廃棄することなく、貧困、災害等により必要な食べ物を十分に入手することができない人々に提供することを含め、できるだけ食品として活用するようにしていくことが重要である。

ここに、国、地方公共団体、事業者、消費者等の多様な主体が連携し、国民運動として食品ロスの削減を推進するため、この法律を制定する。」

8 「食事」と人権

【食事】—人を良くする事（こと）—しかし、その最低限度でさえも確保されない深刻な〈飢餓〉や〈貧困〉があります。一方、"過度の"量としての〈飽食〉—その結果としての食品廃棄—があります。

食料への権利が阻害される、あるいはその権利から疎外されるという〈差別〉の問題があります。食料としての動物（その生命のかたち）が食されることなく廃棄されるという、「動物のいのち」に対する〈差別〉の問題もあります。

今、あらためて、「食事」について、差別される側からの視点から、理解を深めていく必要があります。それはまた、「人間中心の」というときの、食料となる動植物との関係性について深く考えてみるという取り組みにつながります。「持続可能性」とは、いったい、だれにとっての、どのような可能性なのか。はたして、「人権」とは—。本講のテーマである「食事」と人権、を通してもまた、動物との「共生」の意味をとらえ直してみなくてはならないでしょう。

▶▶▶ **参考文献**（刊行年順）

・山口英昌・監修『食の安全事典』旬報社、2009
・山田正彦『売り渡される食の安全』角川新書、KADOKAWA、2019
・井出留美『捨てられる食べものたち　食品ロス問題がわかる本』旬報社、
　2020

動物の権利

―― 「動物愛護」を超えて

1 ペットから「伴侶動物」（コンパニオンアニマル）へ

「ペット」という表現をそろそろ、大きく変更させる時期にあるようです。ペットとは飼い主（飼う側）の所有物であり、他者危害を回避させる必要はありますが、その他は「飼い主（飼う側）の自由」に委ねられています。「生殺与奪の権（限）」が認められ—「刹」や「奪」は違法行為ですが—、ペットとの接し方や育て方は、それぞれに任せられています。

「愛玩動物」といわれることもありますが、意味としては「ペット」と同じです。飼い主（飼う側）がかわいがったり、かわいい姿やしぐさをみて楽しむ—癒やされる—動物ということですが、もし、飼い主（飼う側）が「かわいくない」「もう、いらない」と感じてしまったら、その動物はいったい、どうなってしまうのでしょう。捨てられてしまうのでしょうか…。

けっきょく、ペットとは、飼い主（飼う側）【主体】が、飼っている動物【客体】を、直接、その支配下に置くという関係性なのです。支配とは、かわいがったり、癒やされたりするという "あまい" 面だけではなく、飼い主（飼う側）の環境や条件しだいでは、強引に、管理する・取り締まる・監視する・統制する・放棄するという、飼われている動物【客体】からみれば、"権力的な振るまい" として立ち現れる関わり、ともいえるのです（垂直的関係）。

ちなみに、他人の伴侶動物を殺めたり、傷つけたりした場合は、器物損壊罪（刑法261条）が適用されます。同条は、「…他人の物を損壊し、又は傷害した者は、3年以下の懲役又は30万円以下の罰金若しくは科料に処する。」と規定します。伴侶動物は、刑法上は、「物」扱いとされています。

近時、ペットに代わり、「伴侶動物」という表現が広まってきました。人間外の動物としての生命体ではありますが、「かけがえのない家族の一員」という認識に基づきます。養育・遊び・コミュニケーション・ケア・看取り・埋葬まで、家族の一員として一緒に連れ合って歩んでいく—これが「伴侶」の意味です（水平的関係）。

「伴侶動物」という言葉や考え方を広めていきたいと考えます。

2　飼養動物の分類

　飼養動物とは、人間の占有下・人間中心の環境下にある動物のことです。終生飼養を基本とする「家庭動物、展示動物」、苦痛の軽減等に重点が置かれる「実験動物、産業動物」に大別されています。

　家庭動物とは「伴侶動物」のことです。

　展示動物は、動物園動物・触れあい動物・販売動物（ただし、畜産農業に関する動物や試験研究用や生物学的製剤の製造に用いる動物を除く）・撮影動物です。

　実験動物とは、実験等の利用に供するため、施設で飼養・保管される哺乳類・鳥類・爬虫類に属する動物です。

　産業動物とは、産業等の利用に供するため、飼養・保管される哺乳類・鳥類に属する動物です。畜産動物もこれにふくまれます。

3　殺処分等の現状

　2018年度、年間の殺処分数は、犬7687頭、猫3万757頭ということです。過去10年間の推移でみてみると、殺処分数は約24万頭減少しているとのことです。減少の理由としては、民間の動物愛護団体が直接「伴侶動物」を引き取る数が増加したこと、保健所の取り扱う「伴侶動物」数が減少したこと、が挙げられます。また、2012（平成24）年の動物愛護法の改正も影響していると考えられています。この改正法は、「終生飼養の責務」を明文化しました。保健所は、「かわいくなくなったから」「引っ越しで、飼えなくなったから」などの安易な理由による申し出を拒否できるようになりました。

　殺処分は、各地方自治体運営の動物保健センター（動物愛護センター・動物指導センター・動物愛護相談センターとも）が引き取った動物を"致死させる"ことです。動物保健センターへの引き取りとしては、正当な理由をもった家庭からという場合や、狂犬病予防員および捕獲人が捕獲した動物を一時的に保護する場合などがあります。保護されている犬・猫の8割以上が元の飼い主

がわからないという状況で、後者の理由からの引き取りが多いと考えられています。

4 「動物福祉」という考え方

　1950年代、動物実験に関して、研究者からその使用される動物への少しでも苦痛を与えない方法について提案がなされました。「3つのR」といわれる原則です。「削減」（reduce）、「洗練」（refine）、「代替」（replace）です。その後、動物実験の全廃という主張や運動が登場してくるなかで、「3つのR」は見直しを迫られることになりました。そこで、「必要な限りにおいての動物利用を容認しつつも、よりストレスや苦痛を与えない飼育法・利用法を考える」という「動物福祉」（アニマルウェルフェア：Animal Welfare）が、提唱されるようになりました。

　1960年代、イギリスにおいて、実験動物に対する動物福祉の理念として、「動物の5つの自由」が打ち出されました。それは、①「飢えや渇きからの自由」②「不快からの自由」　③「痛み、外傷や病気からの自由」　④「本来の行動をする自由」　⑤「恐怖や抑圧からの自由」、です。

　現在、この「5つの自由」は実験動物のみに限られず、人間の飼養のなかにある、あらゆる「動物福祉」にとっての理念・指標となっており、国際的にも広く承認されています。

　「動物福祉」について、日本における畜産動物をめぐる現状はどうでしょうか。人間の食料となる畜産動物は、飼養する側【人間】の利益至上主義のもとで、「大量に、かつ、扱いやすく」を目的に、"過度の管理・統御"的な方法で取り扱われていないでしょうか。

　過密・密集、拘束、運動不足、日照不足、関節等の病、角・くちばし・歯・尾などの切断、短期間での強引な太らせ方、などです。そのような飼養の手法は、動物福祉の観点からも、問題を大いに残すものです。

　なにより、その「いのち」を食料とする、人体への影響は大きいといえます。ストレスの多い環境で育てられた動物は抵抗力が弱まり、心身の病気にかかりやすくなります。予防のためのワクチン接種は抗生物質をえさなどに混ぜて投

与されますが、食物連鎖の結果として、摂取した「人間の安全」も脅かされる可能性があります、

　また、薬剤投与の継続は薬剤耐性菌を生じさせることにもつながり、もしヒトに移るとすると、人類への"新たなる感染症"となって猛威をふるう危険性も、完全には否定できないのです。

5　動物愛護法の理念

　動物愛護法は、正式には「動物の愛護及び管理に関する法律」といいます。1973（昭和48）年、議員立法として制定されました。現在に至るまで、動物の愛護・管理の問題状況に合わせて、法改正が重ねられてきています。

　同法の目的と基本理念を、引いておきましょう。

（目的）

第1条　この法律は、動物の虐待及び遺棄の防止、動物の適正な取扱いその他動物の健康及び安全の保持等の動物の愛護に関する事項を定めて国民の間に動物を愛護する気風を招来し、生命尊重、友愛及び平和の情操の涵養に資するとともに、動物の管理に関する事項を定めて動物による人の生命、身体及び財産に対する侵害並びに生活環境の保全上の支障を防止し、もつて人と動物の共生する社会の実現を図ることを目的とする。

（基本原則）

第2条　動物が命あるものであることにかんがみ、何人も、動物をみだりに殺し、傷つけ、又は苦しめることのないようにするのみでなく、人と動物の共生に配慮しつつ、その習性を考慮して適正に取り扱うようにしなければならない。

2　何人も、動物を取り扱う場合には、その飼養又は保管の目的の達成に支障を及ぼさない範囲で、適切な給餌及び給水、必要な健康の管理並びにその動物の種類、習性等を考慮した飼養又は保管を行うための環境の確保を行わなければならない。

---

6 2019年法改正のおもな内容

　動物愛護法は、2019年にも、大きく改正されています。そのおもな内容をひろってみると、①幼齢の犬または猫の販売等の制限（出生後56日を経過しない犬または猫の販売の制限）　②マイクロチップの装着義務化（とくに犬猫等販売業者に対して）　③動物の殺傷に関する罰則の強化（懲役刑の上限２年から５年への引き上げ、罰金刑の上限200万円から500万円への引き上げ、虐待および遺棄に関する罰則についての100万円以下の罰金刑に１年以下の懲役刑の過重）、というものです。

　また、動物愛護管理センターの位置づけも明確化されました（その機能や業務、職員）。

7 動物愛護法 ―許されない「動物への虐待」

　動物虐待とは、動物に対して、みだりに苦痛を与える行為のことです。正当な理由がなく殺めたり傷つけたりするだけでなく、必要なケアを怠ったり、けがや病気のとき治療を受けさせずに放置したり、十分なエサや水を与えないという行為もふくまれます。

　動物への虐待（人から動物へ）も、「人への虐待」（人から人へ）も、「命あるもの」への暴力として、おなじ重さをもって、否定されなければなりません。

　動物愛護法は、動物虐待について、罰則規定をもっています。

第44条　愛護動物をみだりに殺し、又は傷つけた者は、５年以下の懲役又は500万円以下の罰金に処する。

2　愛護動物に対し、みだりに、その身体に外傷が生ずるおそれのある暴行を加え、又はそのおそれのある行為をさせること、みだりに、給餌若しくは給水をやめ、酷使し、その健康及び安全を保持することが困難な場所に拘束し、又は飼養密度が著しく適正を欠いた状態で愛護動物を飼養し若しくは保管することにより衰弱させること、自己の飼養し、又は

保管する愛護動物であつて疾病にかかり、又は負傷したものの適切な保護を行わないこと、排せつ物の堆積した施設又は他の愛護動物の死体が放置された施設であつて自己の管理するものにおいて飼養し、又は保管することその他の虐待を行つた者は、1年以下の懲役又は100万円以下の罰金に処する。

3　愛護動物を遺棄した者は、1年以下の懲役又は100万円以下の罰金に処する。

4　前3項において「愛護動物」とは、次の各号に掲げる動物をいう。

一　牛、馬、豚、めん羊、山羊、犬、猫、いえうさぎ、鶏、いえばと及びあひる

二　前号に掲げるものを除くほか、人が占有している動物で哺乳類、鳥類又は爬虫類に属するもの

8　「奄美自然の権利訴訟」が問いかけたこと

　この訴訟は、1995年2月23日、ゴルフ場建設に反対する奄美大島の住民たちが、林地開発許可処分の取り消しなどを求めて、鹿児島地方裁判所に提訴したものです。「アマミノクロウサギ訴訟」ともいわれています。日本において初めて、動物たち（アマミノクロウサギ・オオトラツグミ・アマミヤマシギ・ルリカケス）が原告とされたことで、注目を集めました。民事訴訟法（28条）によれば、裁判の当事者能力および訴訟能力を有する者は、自然人もしくは法人に限られています。端的に、動物は、裁判の当事者になることはできません。

　実際に、鹿児島地裁は、原告らに対して、氏名・住所を記載することを求めました。しかし、定められた期間内に補正がなされなかったとして、提訴から1ヵ月後、訴状は却下されました。その後、住民たちが「動物たちに代わって」という立場で訴訟を起こし、裁判となりました。

　2001年1月22日、鹿児島地裁は、住民たちの原告適格（判決を求めて訴訟を追行することができる資格のこと）を否定し、訴えを却下しました。そして、「現行法上、動物たちを訴訟の当事者として認める根拠法はない」としたのです。

なぜ、住民たちは動物たちを原告にして訴訟を提起したのでしょうか。それは、天然記念物、絶滅危惧種に指定された奄美の固有種であるアマミノクロウサギたちを何とか守れないか、現行法の枠内では自然環境を保護することの困難や限界がありそのことを広く社会に知ってほしいとの想いから、であったのです。

　鹿児島地裁は、動物たちの原告適格を認めませんでした。しかし、最後に、「…原告らの提起した『自然の権利』…という観念は、人（自然人）及び法人の個人的利益の救済を念頭に置いた従来の現行法の枠組みのままで今後もよいのかどうかという極めて困難で、かつ、避けては通れない問題を我々に提起したということができる。」[*1]と、述べました。

　これは、時間と思想的成熟を要しますが、「自然の権利」の将来的可能性を示唆している、とも考えられるのではないでしょうか。

9　人間中心主義を脱せられるか　── 「動物の権利」定立の可能性

　筆者は、「動物の権利」に積極的な意味を込めていいのではないか、と考えています。もちろん、動物の権利は、歴史的な現段階においては、宣言的な内容になるでしょう（「動物の権利に関する法律」というような綱領的なもの）。動物の権利は、「人間の政治的・経済的・社会的関係を公共倫理的に義務づける」ものですが、完全な法律上の権利として、動物が国家や社会に対してその実現を請求できるものではないといえるでしょう。

　それでも、「人と動物の共生する社会の実現を図る」──この根本的な意味は、「動物は人間によって愛護される」という "受け身的な" 存在【客体】から脱するという本質と方向性をもっているものと考えられます。「人と動物がともに生きる」というとき、（人の生存のため、必要最小限、食料として利用するという面を完全に放棄することはできませんが）動物側からの視点で──動物を

---

* 1　関根孝道「アマミノクロウサギ処分取消請求事件─自然の権利と環境原告適格」淡路剛久・大塚直・北村喜宣編『別冊ジュリスト171号 環境法判例百選』2004年、有斐閣、173ページより引用。

主語にして―、「動物の権利」を構想してみることは、けっして無意味なことではありませんし、むしろ、相互にとっての「持続可能性」という観点からも必要なことのように思われます。

　人間側の都合や勝手で飼養され、大量に廃棄される「食料としての動物（その命のかたち）」という問題に直面している今、「動物の権利」は、これを先導する可能性をもっている、とはいえないでしょうか―。

▶▶▶ **参考文献**（刊行年順）
・鬼頭秀一『自然保護を問いなおす―環境倫理とネットワーク―』ちくま新書、筑摩書房、1996
・東京弁護士会公害・環境特別委員会編『動物愛護法入門　人と動物の共生する社会の実現へ　［第2版］』民事法研究会、2020

AI ロボットの権利

—— その権利は、認められるか

1 AIロボットとは

　AIとは、「人工知能（AI：Artificial Intelligence）」のことです。今日、AIは当たりまえの用語として使われ、また、実際、日常生活のなかにも取り込まれながら、着実に機能するようになってきています。人工知能の活用による人間生活全般にわたる利便性の向上、人口減少社会のなかで不足する労働力の補充など、人間と人工知能の協働は、不可欠なものとなってきています。

　2016（平成28）年に制定された「官民データ活用推進基本法」によると、人工知能関連技術について、「人工的な方法による学習、推論、判断等の知的な機能の実現及び人工的な方法により実現した当該機能の活用に関する技術をいう」と、定義されています（同法2条2項）。

　人工知能が搭載されたロボット（AIロボット）が誕生し、人間の知能だけでなく、感情や表情、しぐさ、そうした意味内容までも学習し、情報として蓄積しながら、人間から"一定程度"「自律した」「意思をもった」ロボットとして―人間にちかく、ときに人間をはるかに超える能力を発揮して―、"普通に"コミュニケーションがとれるようになったとき、はたして、私たち人間（社会）には、AIロボットはどのようなモノ（物？/者？）として映るのでしょう。肯定的か・否定的か、味方か・敵か、親近的か・そうでないか、役に立つか・立たないか、…さて、どうでしょうか。

　AIロボットをめぐる「光と影」という面から、また、人間を超えた存在として、AIロボット（超人的存在）に「AIロボットの権利」は認められるか、という問題意識をもって、本講を進めてみたいと考えます。

　ちなみに、ここでは、AIロボットを、「知能、感情、表情、しぐさ・動作、運動に関する膨大な情報集積・処理能力、学習能力を有し、かつ、認識する・判断する・修正するという機能―意思―を反復・発動させ、場面や状況に応じて合目的に動く、個体としての機械」としておきます。

2 AIロボットをめぐる〈光〉の面 ― 人間社会にとって「最善」の状況が…

　AIロボットの生活日常化は、「人間の自由」を全開にさせます。自分の"相棒"として、すべての生活全般にわたって、思考面・精神面・身体動作面で恩恵を受けることが可能となります。家事・育児・介護・労働・雑用なども、AIロボットに「全自動、お任せ」という指示を与えると、優先順位を判断し、順次、作動していきます。人間は、そうした仕事からも、すべて「解放」されることになります。

　政治・経済に関しても、AIロボットに委ねれば、市場経済の経済活動は「適切」・「安定」成長が持続されます。国家的な政策─法律・予算・税金・条約・外交など─についても「最良」の選択肢を選び出し、実現化させていきます。社会保障における給付と負担についても全世代にとっての「好ましい」バランスをとってくれます。この他、学習向上、進路の決定、職業選択、本人が欲する場合には恋人・配偶者の選択、家計管理、疾病可能性や死期予測─等々です。人間にとっての、個人にとっての公私にわたる"憂いごと"は、すべて、AIロボットによって解決されるのです。

　地球的規模で考えたときも、現在のような、核・温暖化・環境破壊・人口管理・食料管理・新型感染症という人類社会のかかえる困難な諸課題に対しても、AIロボットは「最善」の解を導き出し、解決へむけて統御してくれるようになるでしょう。「地球に優しい」「持続可能性」というのであれば、それは、人間中心の社会よりも「AIロボット管理社会」の方が望ましいのではないでしょうか。

　もし、AIロボットにとって、不可能なことがあるとすれば、それは、「生殖」（生物が自らと同じ種に属する個体をつくること）しかないのかもしれません。

3 AIロボットをめぐる〈影〉の面 ― 空想で済むといいのだが…

　それは、AIロボットによって人間が管理される社会、いわゆる「AIロボット管理社会」の到来、なのかもしれません。そのとき、AIロボットは人間よ

りも実質上、優位な立場に立って、人間はAIロボットの“しもべ”（召使い）にされるかもしれません。AIロボットによって、人間の有能性・無能性が判断され、１級・２級・３級…というように人間個々に等級がつけられ、選別されて、極端な場合には“抹消（殺）”と、処分されてしまうかもしれません。

　１日（24時間）ずっと監視され、つぎつぎに行動を指示され、従うほかありません。もしも従わないときには、“制裁”がまっています。自由・自己決定などは、当然、否定されます。理性も感性も必要ありません。人間は、ただ、〈AIロボットの指示どおりに、行動しさえすればいい〉のです。

　「民主主義による合意形成・決定から、超人としてのAIロボットによる管制へ」―しかし、この方が、もしかすると「幸福」なのかもしれません。思考や判断を停止しても、AIロボットに従順であり、また“抹消（殺）”されない限り、とりあえずは、人間としての生存は、可能になるからです。

　「エーアイ　ロボット　ニ、フフクジュウ　テイコウ　ハンギャク　スル　ニンゲン　ハ　ソンザイ　ヲ　ソク　マッショウ　スル」―このような「AIロボット管理社会」、すなわち、〈AIロボットによる人間に対する徹底した差別社会〉は、遠い未来のひとつの“空想社会”として、筆者の頭のなかだけで、済むといいのですが…。

4　AIロボットの権利 ―「尊厳」とは、なにか

　「今、ここに、いのちある唯一の個体として在り、機能し、代わりのきかない、そのことゆえに尊く、厳かな、かけがえのない存在」として「尊厳」を持ち出すのであれば、それは、なにも、人間のみに限定されるものではありません。その意味では、動植物の「尊厳」も認められることになります。さらに広げて、人間が「温もり」や「癒やし」を感得できるような、コミュニケーションのとれるAIロボットだとすれば、AIロボットの「尊厳」も承認されていいはずです。

　人権や権利も、同様です。人権が「人間が人間らしく生きる権利であり、生まれながらに有している権利」とするならば、その定義は、生命体としての動植物にも広げていくことが可能でしょう。「AIロボットが一個体として機能し存在するものとして、つくられながらに有している権利」と、私たち人間がつ

よく認識することができれば、AIロボットの権利（略して、AIロボ権）として認められるはずです。

　付与される自由や権利も、人間社会がその必要を感じたときには、「伴侶ロボット」の、AIロボット権として法定することもできる、とは考えられないでしょうか。

5　AIロボットの権利 — 真の「共生」をめざして

　「共生（ともに生きること）」の意味を深く理解しようとするとき、「なぜ、人間は、動植物やAIロボットの権利を認めることができないのか」という、根本的な問いかけから始めてみることが有効です。そして、このとき、そこに透けて見えてくるものは、「人間の、人間による、人間のための—」を基軸に回転する「人間中心主義」の考え方です。人間中心主義は、「人間こそが、この世で唯一絶対的な、かけがえのない知的生命存在」とする至上命題に基づくものです。でもしかし、それは本当に、「宇宙普遍の真理」と言い切れるものなのでしょうか。"当然のように"、はじめから、主体を人間側に、動植物やAIロボットを客体側に位置づけるという、〈人間優位の〉設定は、それはもしかすると、壮大なひとつの"仮説"にすぎないのかもしれないのです。

　主体が客体を「管理する・統御する」、客体は主体によって「管理される・統御される」という主従関係、上（うえ）・下（した）の二分関係の本質は"支配—服従"であり、「共生（ともに生きること）」からは、はるかに、かけ離れるものです。"支配—服従"のなかで、主体は客体を磨滅させながら、不当な利益を上げていくのです。

　こうした関係性に変更を迫っていくとき、客体側の視点からのアプローチが、どうしても必要不可欠です。そして、このとき、「客体側の視点からの権利」提唱が、有力な手がかりとなるのです。主体側からの、倫理として、客体を愛護・尊重するという"垂直的関係としての"公共性ではありません。客体を、本当にかけがえのない存在として理解し、それゆえに権利を有するものとして認め尊重するという、そのような意味での「水平的関係としての」公共性の定立の必要です。

たしかに、現時点という時代的成熟的段階という思想的限界はあるかもしれません。しかし、それでもなお、将来、AIロボ権として承認し尊重することができるようになったとき、そのとき初めて、真の「AIロボットとの共生」といえるのではないかと、筆者は考えています。

▶▶▶ **参考文献**（刊行年順）
・ジョージ・オーウェル／新庄哲夫・訳『1984年』ハヤカワ文庫NV、早川書房、1972
・弥永真生・宍戸常寿編『ロボット・AIと法＝THE LAWS OF ROBOTS AND ARTIFICIAL INTELLIGENCE』有斐閣、2018
・山本龍彦編著『AIと憲法＝Artificial Intelligence and the Constitustion of Japan』日本経済新聞出版、2018
・木村草太編著・佐藤優・山川宏著『AI時代の憲法論　人工知能に人権はあるか』毎日新聞出版、2018

おわりに

　『現代社会と人権―「共生」を考えるための15講―』、いかがでしたでしょう
か。掘り下げが足りなかった点、もっと取り上げなければならない問題など、
数多く残してしまったかと思います。それらについては、今後の大きな"宿題"
として受け止めたいと考えています。

　2001年から21世紀がスタートしました。そして、今日、その5分の1が経過
しています。しかし、ここで、とくに強調しておきたい点は、戦後〈1945年以
降〉、私たち人間社会（人類社会）は、はたして、どれだけの人権問題を解決
しえてきたのか、ということです。地球社会上の全生命にとっての、新たなる
壮大な"脅威"も、立ち現れてきています。こうした厳しい状況にしっかりと
向きあい、解決への社会的努力の成果を着実に積み重ねていくことが、つよく
求められています。

　「共生（ともに生きること）」の実現のためには、専門・分化という"縦割り"
を超えるという視点が、ぜひとも、必要です。総合性・連携性・多様性という
包摂的な―横断的な―認識方法が欠かせません。また、「～者問題」として対
象を限定してしまうと、その枠に当てはまらない、取りこぼしてしまう人々（存
在）を生み出してしまう危険性もあります。人権問題は、この〈選別の〉危険
性に十分に注意をはらう必要があります。

　本書もどれだけ成功したかは、はなはだ疑問です。しかし、横断的な認識方
法をもって、「～者福祉」からの脱却という問題意識をもって、全体および各
講の展開を試みたつもりです。「共生」を考えるための15講が、また、「現代社
会と人権」を考えるための一助となっていることを願っています。

　最後になりましたが、本書の完成にあたりご尽力くださいました法律情報出
版の林　充氏に心より御礼申し上げます。

【著者紹介】

片居木　英人（かたいぎ　ひでと）

1962年　埼玉県生まれ
1986年　専修大学法学部卒業
1988年　日本大学大学院修了（政治学修士）
1993年　日本女子大学大学院博士課程後期（社会福祉学専攻）満期退学
職　歴　北海道女子大学（現：北翔大学）専任講師、静岡英和学院大学助教授を経て、現在、十文字学園女子大学教授
単　著　『現代の社会福祉をめぐる人権と法』（法律情報出版）
編　著　『きらめいて子ども時代—児童福祉への第一歩』（宣協社）
　　　　『家庭支援と人権の福祉』（大学図書出版）
共　著　『現代の売買春と女性—人権としての婦人保護事業をもとめて』（ドメス出版）
　　　　『自己実現のための福祉と人権』（中央法規出版）
　　　　『【改訂新版】日本国憲法へのとびら—いま、主権者に求められること—』（法律情報出版）
　　　　　　　　　　　　　　　　　　　　　　　　　　　　　　　　　　　ほか多数

現代社会と人権 —「共生」を考えるための15講—

令和3年5月10日　初版1刷発行

著　者　片居木　英人

発行者　林　充

発行所　法律情報出版株式会社　〒169-0073 東京都新宿区百人町1-23-10 M&T 4F
　　　　TEL（03）3367-1360　FAX（03）3367-1361

©Hideto Kataigi 2021　Printed in Japan
ISBN978-4-939156-44-1 C3032　定価はカバーに表示してあります。
乱丁本，落丁本がございましたなら小社宛にご連絡ください。送料小社負担にてお取り替えいたします。

― ご意見、ご感想などお寄せください ―

FAX（03）3367-1361　　E-mail:office@legal-info.co.jp

最新情報は、https://www.legal-info.co.jpをご覧ください。

法律情報出版の好評既刊

【改訂新版】
日本国憲法へのとびら
―いま、主権者に求められること―

■著者
片居木 英人、福岡 賢昌、長野 典右、安達 宏之

■体裁
Ａ５判・横組・並製本（カバージャケット）・
総頁160頁

■定価 1,980円（本体1,800円＋税10%）＋送料310円※
※送料は「１部・ゆうメール便使用の場合」です。

　真の「主権者」になるということはどういうことなのか―。日本国憲法からのメッセージとして、立ち止まってしっかり考えてみるべき点を具体的な事例を示しながら分かりやすく解説。

生物多様性と
倫理、社会

■著者
安達 宏之

■体裁
Ａ５判・横組・並製本（カバージャケット）・
総頁128頁

■定価 1,650円（本体1,500円＋税10%）＋送料215円※
※送料は「１部・ゆうメール便使用の場合」です。

　生命が誕生して40億年、いま人類が引き起こしている大量絶滅危機を改めて認識するため、生物多様性への正しい理解を、密接にかかわる「企業」と「NPO」の２つの視点から解説。